J.-C. James

Onze heures sonnaient…

Roman

Onze heures sonnaient…

2014 - J.-C. James

ISBN : 978-2-9548813-2-4 9782954881324

Couverture et réalisation
Passeurs-de-savoirs.fr

Printed by CreateSpace

Chapitre I

Paul — Fin décembre 1892

Onze heures sonnaient…

Pourquoi mon esprit m'échappait-il et s'amusait-il cruellement à me ramener dix ans plus tôt ?

Le doux carillon de cette magnifique pendule portique « squelette » venait lâchement de me sortir d'un doux sommeil auquel j'aspirais depuis plusieurs jours déjà.

La semaine passée avait été particulièrement éprouvante. Les fêtes de fin d'année approchaient, et avec elles augmentaient les problèmes respiratoires, infectieux, douloureux, et mille autres maux divers et d'hiver qui s'acharnaient à me polluer la vie !

Cela faisait maintenant huit ans que j'avais prononcé devant mes maîtres le fameux serment d'Hippocrate :

« Je jure par Apollon, médecin, par Asclépios, par Hygie et Panacée, par tous les dieux et toutes les déesses… »

Huit longues années pendant lesquelles j'avais ardemment écumé des kilomètres de chemins, tantôt grimpants et boueux, tantôt tortueux et rocailleux.

Fraîchement diplômé de la faculté de médecine de Paris, j'avais décidé de quitter la capitale et de reprendre la direction de ma Normandie natale.

Je m'installais dans une petite commune de l'est Cotentin, à Sainte-Mère-Église, éloignée par quelques kilomètres de Saint-Lô. Dans ce calme petit village, il ne se passait et ne se passerait certainement rien que l'histoire retiendrait ; peu m'importait, j'aimais cette terre ! Je prenais la suite d'un vieux médecin, usé par un travail harassant, et par la fréquentation de trop nombreuses et vigoureuses maîtresses. L'homme avait préféré fuir la petite commune et surtout… les cent trente kilos de muscles du forgeron, particulièrement remonté et jaloux ! Le médecin soignait madame pendant que monsieur ferrait ses chevaux… à chacun son métier, à chacun ses passions ! À cette réflexion, me venaient à l'esprit ces quelques mots de Molière :

« Si n'être point cocu vous semble un si grand bien, ne vous point marier en est le vrai moyen ! »

Pour ma part, j'avais choisi de prendre ce grandissime risque !

J'étais marié à Sophie depuis maintenant quatre années, une femme merveilleuse, qui m'avait offert la plus belle des preuves d'amour… un enfant, un petit garçon que nous avions baptisé Guillaume.

Notre petite famille habitait depuis peu, une belle et vieille bâtisse, construite il y a plus de cent ans, dans la plus pure tradition normande. Faite de colombages, de torchis, et recouverte d'un magnifique toit de chaume, cette maisonnée résonnait en permanence de rires saccadés, de cris joyeux, et de multiples autres bruits de la vie courante. Ces agréables clameurs emplissaient l'atmosphère d'une douce ambiance colorée et chaude, contrastant fortement avec les différents tons de gris, dont était parsemé l'hivernal ciel de notre belle région.

Mon métier me passionnait et occupait une bonne partie de mes longues journées et quelquefois, de mes nuits. Élaborant des préparations médicinales, auscultant, injectant, suturant, excisant et accouchant, les heures, les jours et les mois défilaient…

Onze heures sonnaient de nouveau !

La pendule de notre chambre avançant légèrement, c'était maintenant au tour des cloches de l'église Notre-Dame-de-l'Assomption d'égrener les heures.

Après cette nuit difficile où je venais de mettre au monde trois enfants, dans des lieux diamétralement opposés, et difficiles d'accès, je ne pouvais empêcher mon esprit de vagabonder.

Replongeant indubitablement dans les tréfonds du sommeil, le vent du nord s'engouffrait et, ronflant dans la cheminée, me ramenait plus de dix ans en arrière…

Bravant la tempête, m'accrochant aux cordages qui étaient à ma portée, j'avançais péniblement sur le pont du navire. Balayé par les embruns, maltraité par cette mer féroce, le trois-mâts goélette luttait pour sa survie. Un capitaine braillard me criait des ordres incompréhensibles. Il gigotait dans tous les sens, levant les bras en l'air, me montrant de l'index le haut du mât de misaine. Je levais les yeux et découvrais, horrifié, mon ami, accroché à un lambeau de voile, tentant vainement de résister aux éléments qui s'associaient pour le faire sombrer dans le néant. Je me précipitais, me cognant de droite et de gauche, glissant sur ce pont détrempé, luttant pour ne pas être précipité à la mer. Je suis près du but. Un mètre me sépare du pied de ce fichu mât.

Je me lance… et reçois un formidable coup de boutoir par le travers. Je suis emporté par un fleuve d'eau salée, ne pouvant lutter et subissant le puissant courant. Mon regard est inexorablement fixé sur cet énorme dalot.

Cette bouche, par laquelle s'évacue habituellement l'eau de mer, va être ma porte de sortie. Je vais, d'ici quelques secondes, doubler le cap enfer, séparant l'océan de la vie et la mer des morts…

Mes jambes s'engouffrent dans la gueule du monstre, mon buste suit, mes mains cherchent désespérément une accroche. Non… pitié… ne me laissez pas mourir ainsi !

Brutalement, une main puissante me saisit et me sort miraculeusement de ce mauvais pas. Je cherche à découvrir le visage de mon sauveur, mais la capuche de son ciré recouvrant partiellement son visage, m'empêche de découvrir ses traits. L'homme me tourne déjà le dos et cherche à s'enfuir, refusant à l'évidence, tous remerciements. J'emboîte ses pas, me précipite, le saisis par les épaules. L'individu se retourne brutalement : Amarande !

Amarande, que fais-tu ici, sur ce navire ? Amarande ! Amar…

Un cri dans l'obscurité… je me retourne… mon ami est toujours là-haut, en mauvaise posture, prêt à lâcher prise.

Je quitte la jeune fille qui, ne demandant pas son reste, s'enfuit à nouveau. Arrivé au pied du mât de misaine, j'entame la lente et dangereuse ascension du gigantesque espar.

Les enfléchures sont glissantes, et mes pieds n'ont de cesse de vouloir, malgré moi, quitter ces échelons de corde.

Après une longue escalade, j'aperçois enfin la vergue où mon ami se débat depuis maintenant de longues minutes. La longue poutrelle verticale qui sert de « tringle » à la voile se présente à moi, menaçante. Il n'y a pas à hésiter, la vie d'un homme en dépend !

J'avance avec prudence, cherchant à m'accrocher à tout ce qui est à ma portée. Le navire se cabre, tangue, roule, et soudainement mon pied ne trouve plus d'appui… l'énorme poutrelle de bois vient de disparaître, me précipitant dans le vide !

La chute se passe au ralenti, mon corps tournoie, de droite, de gauche, ballotté par les vents, tel un fétu de paille. Le pont approche… je vais m'écraser, je hurle, me débat… rien n'y fait… le sol est là !

Le choc est terrible !

Je me réveille soudain en sursaut, la sueur perle sur la totalité de mon corps. Je suis trempé, glacé d'effroi, je tremble de tous mes membres. Mon fils Guillaume est là, à califourchon, et s'amuse à rebondir sur mon honorable ventre !

La joie et le plaisir de cet enfant ont bien du mal à effacer ces douloureuses et récurrentes images.

Tous les événements passés ne cessent de me hanter. Le visage de mes amis et de mes ennemis, morts ou vivants, réapparaît régulièrement, me torturant, me culpabilisant et remettant perpétuellement en cause mes actes et décisions révolus.

Je les revois tous et toutes : Amarande, Margot, Guillaume, Pierre, Aristide, le professeur Poirier, et bien d'autres…

J'ai détesté certaines de ces personnes ; j'ai apprécié, et passionnément adoré, quelques autres…

Comme le disait si justement Alfred de Musset :

« Ce n'est quelquefois qu'en perdant ceux qu'on aime qu'on sent combien on les aimait ! »

La femme tant aimée me manque… cela fait maintenant dix ans qu'elle m'a quitté !

Je suis heureux avec Sophie, c'est une personne merveilleuse, douce, toujours à mes petits soins, prête à se sacrifier pour que ma vie soit la plus simple et agréable possible. Elle représente tout ce qu'un homme rêverait d'avoir !

Et pourtant… onze malheureux coups de cloche, et hop ! je me surprends à repenser à elle !

Peut-on aimer plusieurs fois dans sa vie, avec une sincérité et une passion similaire ?

Je ne sais…

Comment en suis-je arrivé là ?

Granville, Paris… et maintenant Sainte-Mère-Église.

Élève… marin… jeune chef d'entreprise… étudiant… et à présent médecin de campagne !

La vie nous réserve son lot de surprises !

Quels que soient les objectifs projetés et le cap suivi, les dérives de la vie font que les rivages atteints ne sont pas toujours ceux initialement visés.

J'ai vécu une terrible et extraordinaire histoire, qui m'a fait connaître l'amour, la haine, l'amitié, la traîtrise.

J'ai fréquenté la mort, je l'ai côtoyée de près à plusieurs reprises, je suis désormais sans cesse en guerre contre elle dans ma vie de tous les jours ; elle joue souvent avec moi, me laisse quelquefois remporter de courtes manches, mais finit toujours par l'emporter.

Quittant ma chambre et laissant mon fils aux côtés de Sophie, je m'enfermais dans mon bureau prétextant la mise à jour de dossiers médicaux.

J'extrais d'entre deux livres de médecine une clé. Je prends place et ouvre un tiroir du vieux meuble patiné, précieusement gardé secret. J'en ressors une large enveloppe et étale devant moi les précieux documents.

Mon rythme cardiaque s'accélère, le sang, propulsé avec violence dans mes vaisseaux, fait palpiter mes tempes, mes jambes tremblent, mon angoisse me paralyse de nouveau.

Les gros titres des journaux de l'époque me sautent aux yeux :

« Le ministre de la Marine démissionne ! »

« L'entreprise d'armement est nationalisée ! »

« La comtesse est-elle emprisonnée et maintenue au secret par l'État ? »

La machine à remonter le temps fonctionne !

Elle me propulse immédiatement à Granville, en juillet 1882. Je me nomme Paul Le Pellay et suis un homme ordinaire… qui va vivre une histoire qui ne l'est pas…

Chapitre II

Paul — Juillet 1882

Le soleil se lève et envoie ses myriades de rayons lumineux sur l'océan. En ce début d'été 1882, sur la côte granvillaise, je me résous à quitter cette ville qui m'a vu naître. Tout pourtant me prédestinait à vivre sur cette façade maritime bordée par la Manche. Ma famille, les Le Pellay, habite la « Haute Ville » depuis plusieurs générations. Ce quartier renferme les plus beaux hôtels particuliers et les résidences principales des riches armateurs. Nous retrouvons là les Magnain, les Delley, les Giraud, toutes ces grandes familles de marins ne respirant plus depuis belle lurette l'air iodé du grand large, mais s'encrassant les poumons avec l'air humide et malsain de leurs immenses bureaux. Les hommes de mer sont devenus au fil du temps des hommes d'affaires ! La pêche à la morue sur les bancs de Terre-Neuve au départ des ports normands et bretons, après avoir apporté fierté et richesse, trouve une évolution et un avenir plus incertain en cette fin de décennie. Mon arrière-grand-père, Jean Le Pellay, commandait un terre-neuvier, *la*

Fortune. Elle ne lui a malheureusement pas souri ! Il disparut corps et biens en 1821 sur ces fameux bancs, lors d'une tempête mémorable où bon nombre de marins perdirent la vie. Mon grand-père, Jean Le Pellay, deuxième du nom, plus désireux de compter des francs-or que des milles marins, acquit son premier morutier dans les années vingt. Homme d'affaires formidable, doué d'une intelligence hors du commun et d'un caractère qui l'était tout autant, mon ancêtre fut rapidement à la tête d'une petite flotte de navires de pêche. Mon père, Julien Le Pellay, aussi doué en affaires que son illustre géniteur, réussit à maintenir à flot l'entreprise familiale jusqu'au début de ces années soixante, où l'activité de la pêche à la morue commençait à s'essouffler. Les eaux canadiennes devaient naturellement finir par s'épuiser un jour ! La mer d'Islande est en passe aujourd'hui de devenir le nouvel eldorado de la morue. Les armateurs granvillais, ne semblant guère enclins à s'aventurer sur ce nouveau territoire de pêche (à l'inverse de leurs collègues bretons), pourraient bien avoir raté là le virage essentiel à leur survie. Cette formidable aventure maritime, vieille de plusieurs siècles et historiquement responsable du développement socio-économique de Granville est en passe de prendre fin.

Il y a quelques mois de ça, au début février, après une longue et pénible journée de travail, je rentrais de nos bureaux. Je gravissais les marches en pierre qui me mèneraient des abords du port de pêche à notre quartier de la Haute Ville. Le jour déclinait fortement. La pluie fine, froide, pulvérisée en milliers de gouttelettes, s'infiltrait dans le col de mon caban et m'inondait le visage. J'augmentais naturellement ma foulée et enfouissais, autant que faire se peut, mon cou entre mes épaules. Les quelques lumières allumées de-ci de-là me permettaient d'éviter les flaques d'eau douce qui commençaient à se former un peu partout sur la chaussée pavée. Je détestais ce temps humide et froid. Je venais de franchir la Grande Porte lorsque surgit devant moi Louis, employé par mon père depuis une vingtaine d'années. Son visage était marqué par l'effroi. Il n'avait pas pris le temps de s'habiller. Trempé jusqu'aux os, tremblant de froid et d'émotion, il essayait de balbutier des mots tout à fait imperceptibles et incompréhensibles pour mon cerveau fatigué :

« Monsieur, ah, monsieur ! enfin je vous trouve ! Une catastrophe, monsieur. Un drame est arrivé, monsieur, mon pauvre monsieur !

— Que se passe-t-il, Louis ? Mais allez-vous enfin me répondre, malheureux !

— Votre père, monsieur. Votre père vient de se donner la mort. »

Cela faisait déjà plusieurs mois que mon pauvre père semblait soucieux. Les campagnes de pêche récentes sur les bancs de Terre-Neuve rapportaient inéluctablement des quantités de morues de plus en plus faibles. Ces résultats alarmants n'étaient visiblement pas le fait de nos capitaines, de leurs équipages ou d'une quelconque mauvaise étoile ! Les autres armateurs granvillais connaissaient tous les mêmes difficultés. Il fallait se rendre à l'évidence : la période dorée qu'avait connue notre port pendant des siècles était peut-être terminée ! Cette formidable épopée maritime avait débuté sur Granville au xvie siècle. À une époque où les règles strictes du catholicisme étaient respectées à la lettre (les croyants devaient s'abstenir de se nourrir de viande), la demande de poisson était alors particulièrement forte. La découverte des fameux bancs de Terre-Neuve et leur richesse poissonnière par un Vénitien, Jean Cabot, alors au service de la couronne d'Angleterre, suscita un véritable engouement dans bon nombre de ports français. Granville devint alors un grand port morutier et arma jusqu'à une centaine de bateaux.

Il reste encore quatre-vingt-huit navires aujourd'hui, propriétés de trente-six armateurs. Mon père était à la tête d'une petite société comptant six terre-neuviers.

Après le décès de ma mère, morte d'une hémorragie utérine peu de temps après m'avoir mis au monde, mon père décida de ne jamais refaire sa vie et de demeurer éternellement fidèle à la femme qu'il avait tant aimée. Je fus donc en partie élevé par un couple de domestiques embauchés juste après le mariage de mes parents. Louis et Juliette Bonenfant avaient sensiblement le même âge que mon père et ma mère. Après avoir servi durant quelques années une riche famille bourgeoise de Caen, Juliette se retrouva enceinte de son premier enfant. N'étant pas légitimement réunis devant Dieu, dès que la chose s'est vue, le maître de maison, doté d'une bêtise gigantesque et d'une morale qui l'était certainement (en apparence !), tout autant, mit le couple à la rue. Louis, décidant de tenter sa chance dans l'aventure de la pêche à la morue pour nourrir sa jeune famille, arriva dans les bureaux des Le Pellay. Mon père, homme de cœur, ne résista pas longtemps au récit déchirant de ce pauvre miséreux, et embaucha immédiatement le jeune couple. Leur fils Guillaume naquit quelques mois avant moi et nous fûmes immédiatement les meilleurs amis du monde. Nous vécûmes des années merveilleuses, entourés par l'amour de nos parents respectifs. Mon père, Julien, se décida à donner la même éducation à Guillaume qu'à son propre fils. L'égalité des chances n'était pas pour lui un vain mot, et je fus dès lors éduqué dans un esprit de respect de l'autre, et ce, quels que soient son origine sociale, son métier, son aspect physique, son intelligence. Dans la droite logique de cette éducation originale pour l'époque, mon père se décida à nous faire embarquer tous deux pour une campagne de pêche à la morue sur les bancs de Terre-Neuve. Il considérait, à juste titre, que pour diriger une entreprise de pêche à la morue comme la nôtre, il fallait commencer par naviguer, être au contact des hommes, ressentir leurs souffrances, leurs peurs, leurs chagrins, leurs privations. Inconscients des risques et des difficultés que nous allions rencontrer, notre bonheur et notre impatience furent immenses. Nous lisions durant l'été 1880, toutes les nouvelles, tous les romans que nous trouvions sur cette pêche légendaire. Nous ne retenions qu'une seule chose de ces lectures : nous aussi nous allions bientôt devenir des terre-neuvas !

Au mois de février suivant, nos paquetages bouclés, nos parents nous accompagnèrent vers le port où nous attendait le capitaine Lemarchand. Ce dernier, âgé d'une quarantaine d'années, bien qu'il semblait en avoir bien plus, était réputé pour être un homme bourru, mais doté d'un extraordinaire sens marin.

Il naviguait depuis sa tendre enfance et avait gravi progressivement tous les échelons hiérarchiques qui l'avaient conduit à son grade actuel. Après une trentaine de campagnes sur les bancs, plus rien ne semblait pouvoir lui arriver. Mon père avait une entière confiance en cet homme, qu'il considérait d'ailleurs plus comme un ami que comme un employé, et c'est sans appréhension et sans crainte qu'il nous mettait, Guillaume et moi, sous son autorité. Nous embarquâmes donc avant le lever du jour à bord de *la Charité*, magnifique et solide trois-mâts, goélette de quarante-cinq mètres de long et de trois cent quatre-vingts tonneaux. Nous rejoignîmes rapidement le poste d'équipage, poste unique situé à l'arrière du navire, où nous dormirions en compagnie de nos cinquante compagnons de fortune pendant les six mois que durerait cette campagne de pêche. Nos ballots jetés rapidement sur nos paillasses en balle d'avoine, nous remontions promptement faire un dernier « au revoir » à nos parents. Leurs yeux, pleins de larmes contenues, contrastaient fortement avec nos visages illuminés, nos regards brillant d'une impatience mal retenue. L'appel de la mer, du grand large, de l'aventure était plus fort que tout. Rien ne pouvait venir gâcher cet instant de pur bonheur que nous vivions, pas même le chagrin d'une pauvre mère éplorée redoutant de ne plus jamais revoir son fils ! Mis sous les ordres du capitaine, nous aidions une partie de l'équipage à larguer les amarres de la pointe avant, tandis que les autres, grimpant dans les enfléchures, larguèrent les quelques voiles qui nous permettraient de quitter le port de Granville. Le jour commençait à pointer. Le temps était gris, brumeux, le vent faible, et la température ne dépassait que de peu les cinq degrés Celsius. Le navire eut de la peine à se déhaler. Ayant pris un peu d'erre, il s'éloigna progressivement du quai. Les visages de nos parents s'effacèrent peu à peu, la taille de leurs corps sembla diminuer, et ils finirent par disparaître complètement dans le brouillard normand. Je ne le savais pas encore, mais ce voyage allait bouleverser ma vie… et celle de Guillaume !

Cette traversée vers le sud du Canada allait durer environ quatre semaines. Peu après notre départ, le vent s'éleva rapidement, se fixa à vingt-cinq nœuds et s'orienta au nord. Dès le passage de la pointe du Grouin, nous ressentîmes, Guillaume et moi, ainsi que deux autres jeunes matelots, les premiers signes du mal de mer. Le roulis, engendré par la houle prenant le navire par le travers, eut un effet particulièrement désagréable sur nos fonctions digestives. Nous crûmes mourir, mais cette crainte s'avérera injustifiée : nous survécûmes ! Contraint de nous faire transférer à l'infirmerie afin d'éviter au reste de l'équipage ce pitoyable spectacle, le capitaine vint nous voir chaque jour que dura notre supplice.

Nous nous sentions honteux d'être dans un tel état, incapables de travailler, d'aider à la manœuvre. Qu'allaient penser de nous nos compagnons de route ? Le capitaine essaya de nous réconforter, nous confiant que la plupart des jeunes matelots fraîchement embarqués réagissaient de même et ressentaient les mêmes maux. « Les mouvements du navire joints à l'odeur de la morue, dont sont lourdement imprégnées les cales de *la Charité*, font toujours merveille sur les estomacs des jeunes messieurs », s'amusa-t-il ! Quelques heures plus tard, le capitaine Lemarchand mit, comme à son habitude, le cap au sud, vers l'Espagne, afin d'y trouver au plus vite la zone des alizés du nord-est. Le passage du cap Finisterre marqua la fin de notre agonie. Le navire naviguant à présent au portant, les mouvements de roulis du navire disparurent. Les jours suivants s'écoulèrent alors paisiblement. Nous apprenions progressivement notre métier de marin. Monter dans les mâts pour prendre ou larguer des ris devint rapidement un jeu pour Guillaume et moi. Nos jeunes corps, souples et musclés, faisaient merveille dans ces concours de rapidité à la manœuvre. L'équipage s'amusait de notre exaltation et pariait leurs derniers fruits frais sur nos courses effrénées. Guillaume était alors âgé de dix-sept ans. Ses cheveux blonds, ses yeux bleus, son visage osseux et carré, sa stature élancée et sa carrure digne d'une Granvillaise le faisaient ressembler à ces Vikings venus par les mers conquérir l'Europe occidentale. Le capitaine nous prit sous son aile pour nous apprendre les rudiments de la navigation : calculer notre position à l'aide du sextant, tracer une route, estimer la dérive du navire… Guillaume et moi étions heureux… tout simplement !

Huit jours plus tard, nous naviguions au sud-est des Açores. Le fameux anticyclone du même nom nous emprisonnait depuis quelques jours maintenant. Vent faible, voire inexistant, mer d'huile, chaleur étouffante… tous les ingrédients qui finissent, à la longue, par rendre fous les marins ! Le vent revint progressivement en s'orientant au nord-est. Les alizés étaient au rendez-vous. Il nous suffisait maintenant de nous laisser glisser par ces vents portants et réguliers, qui nous guideraient à travers l'Atlantique.

Après quatre longues semaines de navigation et quelques coups de vent bien sonnés, nous nous trouvions sur la latitude d'Halifax, en Nouvelle-Écosse. La température s'était lourdement refroidie en ce mois de mars. L'apparition conjointe du froid vif, de la brume et de certaines espèces d'oiseaux typiquement locaux, les godillons, les dadins, nous signalaient l'approche des bancs de Terre-Neuve. La tension était à son maximum à la passerelle. Le capitaine Lemarchand chercha à repérer l'endroit où pourrait débuter notre campagne de pêche, et seule la remontée des fonds pourrait nous indiquer que nous étions arrivés à destination. Nous écoutions donc tous avec une grande attention les annonces du sondeur. Par quarante-trois degrés de longitude ouest, les fonds pouvaient passer de mille à soixante mètres brutalement. Après quelques heures de navigation périlleuse, lente et éprouvante, les hauts fonds sont finalement atteints. Nous sommes le

8 mars 1881. *La Charité* vient de jeter l'ancre et va commencer sa campagne de pêche… l'enfer vient de nous ouvrir ses portes.

Dans le pur esprit formatif qui a poussé mon père à nous faire embarquer sur cette campagne, le capitaine Lemarchand décida tout naturellement de nous faire goûter aux différentes missions rencontrées à bord :

« Messieurs, en ce premier jour de pêche, le temps semblant vouloir être plutôt clément pour cette zone réputée difficile, j'ai décidé de vous faire embarquer sur les doris. Guillaume, et toi, Paul, allez commencer par tendre et aller rechercher les lignes de fond. »

Notre terre-neuvier est pourvu d'une vingtaine de doris stockées sur son pont. Cette petite embarcation d'origine américaine, récemment importée et désormais adoptée pour la pêche à la morue, mesure six mètres de long et n'embarque que deux marins. J'avais lu, dans mes récits dévorés pendant l'été précédent, qu'avant l'utilisation de ces fameuses embarcations, la pêche errante (qui consiste à aller poser les lignes à distance du morutier) était pratiquée en chaloupes. Ces dernières contenaient alors huit hommes d'équipage et au vu du nombre d'embarcations qui disparaissaient avec leurs marins, l'utilisation des doris, avec ses deux seuls matelots à leur bord, semblait être mathématiquement plus intéressante pour nos armateurs. Sinistres calculs… À quelques heures de prendre place sur ce frêle esquif, ces souvenirs de lecture me glaçaient le sang et provoquaient chez moi un tremblement des membres inférieurs totalement imperceptible pour tout un chacun, mais fortement ressenti par leur propriétaire ! Avant de quitter Granville, le capitaine avait fait tirer au sort l'attribution des doris à chaque équipage, pour des raisons d'équité. Je naviguerai désormais aux côtés et aux ordres de Jacques Lessmer, dit Jacot les crocs, sans doute en raison de sa dentition quelque peu aléatoire et originale ! L'absence d'incisives dans cette bouche aurait, en effet, permis à une sardine de s'engouffrer dans cette cavité sans que son propriétaire ait eu à faire le moindre effort pour ouvrir ses mâchoires ! Le destin nous attribua la doris numéro onze.

Un nouveau tirage au sort nous attendait maintenant : celui qui définirait notre lieu de pêche ! La rose des vents fut partagée en secteurs et chaque équipage allait laisser le hasard choisir son destin. Pour notre part, la main de Jacques nous attribua le secteur sud-ouest, défini par rapport à la position du terre-neuvier. Notre première mission avant d'embarquer, consista à pêcher durant la journée les bulots qui serviraient d'appât principal pour notre pêche. En fin d'après-midi nous prîmes place, Jacot et moi, à bord de notre embarcation, comme le firent les dix-neuf autres équipages. Je m'installais sur le banc, saisis les rames et commençais à éloigner, déjà à grand-peine, la doris de son bateau mère. Après quatre heures d'efforts ininterrompus, les mains endolories, comme l'était d'ailleurs tout le reste de mon corps, ballotté dans une mer hachée, le mal de mer toujours menaçant, nous arrivions enfin à l'endroit où mon nouveau « patron » décida de commencer à jeter nos lignes. Après une nouvelle heure d'effort, le moment de remettre le cap sur *la Charité* arriva enfin. La pluie, fine et froide, fit son apparition à l'approche de notre navire, mais nous n'eûmes heureusement aucune difficulté à repérer ses feux dans la nuit. J'étais exténué, transi de froid, affamé et, après un bref, mais copieux repas, avalé promptement au coin du poêle en compagnie de Guillaume, je me précipitais sur ma paillasse et m'endormis immédiatement. Quelques heures plus tard, l'aube pointant à peine, Jacot vint me réveiller. Mon odorat surdéveloppé avait repéré son approche bien avant que les fibres sensorielles de ma peau ne sentissent sa main rugueuse. Maître Jacques avait, il est vrai, une hygiène corporelle aussi douteuse que pouvait l'être celle de sa cavité buccale. Le pauvre garçon était âgé d'une trentaine d'années, mais son teint cireux, son crâne fortement dégarni, son embonpoint naturel le faisaient déjà ressembler à un homme bien plus mûr. Il était cinq heures du matin. Mon corps ressentant les mêmes douleurs que celui d'un homme ayant été renversé par une voiture hippomobile peinait à se mettre debout. Nous devions reprendre rapidement la mer pour relever nos lignes. Le vent était plus faible que la veille. Il avoisinait les dix nœuds et levait un léger clapot que nous devrions affronter de face. La brume commençait à tomber. Brume… terrible brume responsable de la perte de centaines de pêcheurs sur les bancs de Terre-Neuve, disparus à tout jamais, incapables de retrouver le chemin de ce navire salvateur… englouti par les âpres fumées de l'enfer ! Je recommençais à ramer, luttant contre ces vagues qui annihilaient mes efforts, commençant à maudire ce père aux grandes idées, resté lui, dans son environnement confortable et douillet ! Cinq heures d'effort… trois cents secondes d'un terrible mouvement qui me rapprochaient sentimentalement de ces hommes condamnés aux galères. Époque et circonstances différentes, me direz-vous ; certes, mais souffrances physiques et morales identiques ! Nous commencions donc à relever ces fameuses lignes en espérant y trouver le poisson tant recherché. Il était au rendez-vous… reconnaissable parmi tous, avec ses petites taches brunes et ses moustaches qui semblaient lui donner un air triste… si jamais on peut considérer qu'un poisson ait eu un jour l'air heureux ! La morue verte était là ! Source qui paraissait inépuisable, ces bancs nourrissaient une partie de la planète depuis le début du xvie siècle. Profitant de circonstances naturellement avantageuses, tels le Gulf Stream, le Labrador, l'embouchure du Saint-Laurent et ses riches nutriments, ces eaux fortement poissonneuses furent littéralement pillées au fil des siècles. Les terre-neuviers pouvaient ramener chacun jusqu'à cinq cent trente mille morues par campagne ! La journée avançant, la brume continuait à s'épaissir. Il fallait bien tenir le cap pour revenir vers notre navire. Le grand talent de navigateur que possédait Jacques me poussait à avoir en lui une confiance absolue. Au fil des milles parcourus, nous tendions de plus en plus l'oreille afin de percevoir le tintement de la cloche du bord, véritable fil d'Ariane qui nous permettrait de retrouver *la Charité*. Les minutes s'écoulaient, et rien, toujours rien, que le bruit des rames effleurant l'eau, le bruit de la mer glissant le long de la coque de notre embarcation. Brutalement, Jacot poussa un cri : « Une embarcation à un quart de mille, par le travers bâbord… là ! » J'avais beau écarquiller mes yeux au maximum, je ne distinguais rien. Ordre me fut donné d'augmenter la cadence et de me diriger vers cette fantomatique silhouette. Après de maints efforts, nous dûmes nous rendre à l'évidence : notre embarcation supposée n'était faite que de glace, juste une masse de glace dérivante et très courante à cette époque de l'année dans ces eaux canadiennes. « Nous aurions dû entendre cette foutue cloche depuis belle lurette ! » déclara mon compagnon agacé. Je commençais à percevoir le doute dans le regard et dans la voix de Jacques, et mes jambes reprirent leur tremblement, un terrible frisson me parcourut le corps et les pires pensées traversèrent mon esprit : étions-nous condamnés à errer ainsi jusqu'à notre mort ? Combien de temps durerait notre terrible agonie ? Allons-nous terriblement souffrir de la soif, du froid, avant de perdre définitivement connaissance ? La voix de Jacot interrompit mes noires réflexions : « Poursuivons encore une demi-heure dans cette direction, puis nous effectuerons un virement de bord à trois cent soixante degrés tout en regagnant un peu de terrain sur bâbord. Cet iceberg de malheur nous a fait légèrement dévier de notre route. Nous avons le vent dans le dos depuis notre retour et ne pouvons donc entendre facilement la cloche de bord. En nous laissant volontairement passer l'axe de *la Charité*, nous nous retrouverons logiquement sous son vent, et là… nous devrions forcément percevoir quelque chose ! » Ce qui fut dit arriva… nous entendîmes la cloche de bord, son tintement faible au début, puis de plus en plus fort à mesure que nous nous approchions du navire. La brume était maintenant tellement épaisse qu'arrivés près du voilier, nous n'apercevions même plus les vergues de ses mâts ! Nous remontâmes à bord après avoir vidé et remonté notre doris. L'épuisement était total. Plus de douze heures d'effort, ininterrompu, intense, le tout lié au froid et à cette peur terrible, à peine dissipée, à jamais gravée dans ma mémoire. Toutes les doris rentrèrent ce jour-là, preuve des extraordinaires compétences de ces marins au courage sans égal.

Nous goûtions comme convenu, Guillaume et moi, aux différents postes que nous proposait notre activité morutière. Après la pause et le relèvement des lignes de fond, nous nous attaquions à la préparation du poisson. Vous comprendrez bien que notre pêche n'était pas rapportée dans son état initial ! Je vous rappelle que notre campagne durerait de six à huit mois. La morue devait donc être préparée. L'opération était longue et monotone. Pour nous armer de courage, nous pratiquions ces activités en chantant. Nous commencions par « ébreuiller » le poisson, pour parler clairement, nous l'étripions. Puis le « décolleur » coupait la tête du pauvre animal et le « trancheur » retirait délicatement l'épine dorsale. Le poisson était ensuite jeté dans une baille de lavage où il était gratté puis transféré dans la cale du navire où il était compté, rangé et mis dans le sel. Ces différentes activités occupaient très largement nos journées. Nous passions environ dix-huit heures par jour à travailler, et ce, sans dimanche et sans aucun jour de repos ! Si vous ajoutez à cela le climat tout à fait hostile dans cette contrée (le vent, le froid, la mer sans cesse agitée, les icebergs, la brume…), vous comprendrez aisément notre impatience d'en terminer avec cette campagne de pêche ! Les semaines défilèrent pourtant : routinières, épuisantes…

Cela faisait maintenant plus de six mois que nous étions en mer, loin de toutes terres. L'isolement était total, mais l'entente entre les hommes était si parfaite, empreinte d'un tel respect mutuel, d'une telle joie de vivre, que nous finissions par trouver un certain plaisir à vivre et à travailler dans ces conditions extrêmes. Nous vivions tous la même difficile aventure, étions tous présents les uns pour les autres, prêts à aider, à secourir un camarade en difficulté. Peu importe mes origines familiales qui auraient pu m'isoler du reste de l'équipage. Tous mes camarades ont vu et reconnu mes efforts à la tâche. Certes, ils ne m'ont pas épargné dans les premiers jours de cette campagne !

Guillaume et moi étions finalement parvenus à leur faire oublier qui nous étions et d'où nous venions. Terriens, nous étions... marins, nous sommes devenus ! Ils nous voyaient maintenant comme des terre-neuvas... simplement comme des terre-neuvas. Nous pensions et espérions mériter ce titre prestigieux. Mon père avait finalement raison. Les hommes me respecteraient à présent et je me sentais apte et prêt à travailler au sein de l'affaire familiale. Mon expérience récente du travail en mer jointe à mes connaissances théoriques de la gestion me permettait de rêver à un avenir tout tracé. Celui de Guillaume l'était tout autant ! On lui avait en effet promis une place de choix au sein de nos bureaux et au fil de cette période de navigation, j'ai pu constater à quel point il était courageux, intelligent et digne de confiance. L'avenir nous souriait !

Nous étions à présent le 5 juillet. Les cales étaient partiellement pleines. Le capitaine Lemarchand décida de relever une dernière fois le mouillage et de mettre le cap vers la France et notre Granville natale. Quelle joie et quelle impatience ressenties sur ce chemin du retour. Guillaume et moi rêvions de nos prochains jours passés à terre. Retrouver nos parents, nos amis, l'immobilisme du sol après ces longues semaines passées dans un environnement perpétuellement en mouvement et dormir... ah... dormir ! Bien sûr, nous devrions quitter nos compagnons de fortune. Chacun partirait vers une nouvelle activité en attendant la prochaine campagne de pêche, mais nous resterions à jamais unis par cette merveilleuse et difficile aventure. Le capitaine était un homme heureux aujourd'hui.

Les cales du navire étaient remplies d'environ trois cent mille morues, chiffre sans doute inférieur à ce qu'il avait connu durant ses belles années de pêche, mais très raisonnable au vu de l'époque actuelle. Tous, nous savions que les bancs de Terre-Neuve étaient très affaiblis par cette industrie poissonnière, qui vidait indubitablement ses fonds de sa richesse naturelle. L'Islande était, aux yeux de quelques armateurs bretons, la bouée de secours économique des pêcheurs à la morue et la future destination promise de leurs terre-neuviers… Et d'ailleurs… Comment appelleront-ils alors leurs voiliers ? Des islandiers ?

Dix août 1881. Il est un peu plus de minuit. Nous sommes au large de la côte bretonne. La nuit est noire. Le vent n'a cessé de grimper durant la journée précédente. Nous avions déjà affalé une partie de nos voiles. Le navire, alourdi par son incroyable cargaison, souffrait atrocement. Les membrures craquaient, les écoutes grinçaient. Nous avions déjà perdu le « perroquet » et la « voile d'étai de hune ». Les embruns passaient par-dessus la proue du voilier, inondaient le pont, menaçant à chaque instant d'emporter les hommes présents. Le vent finit par atteindre les cinquante nœuds. Les vagues ressemblaient à de vrais immeubles haussmanniens et atteignaient les dix mètres de hauteur. La Bretagne nous faisait chèrement payer notre retour dans ses eaux ! À une heure trente, le capitaine Lemarchand donna l'ordre d'aller affaler le « hunier fixe ». Les espars souffraient atrocement et il fallait impérativement les soulager sous peine de les voir s'effondrer. Notre voilier pourrait alors rapidement courir à sa perte. Nous étions en effet sous le vent de la côte et la perte de nos mâts enverrait inévitablement *la Charité* se disloquer sur les récifs. Il fallait agir vite. Guillaume, moi et deux autres marins nous proposâmes pour rentrer la toile. Avec la bénédiction du capitaine nous grimpâmes tous dans les enfléchures du mât de misaine et atteignirent rapidement la vergue concernée. Avec la plus grande prudence, nous avancions le long de cette poutrelle de bois, risquant sans cesse d'être désarçonnés par le tangage puissant du navire. Nous étions tous dans un état de concentration extrême, surveillant la position de nos pieds sur ce cordage glissant et essayant de saisir de nos mains cette voile devenue incontrôlable par la puissance du vent. Guillaume était à ma gauche. Je jetais un regard furtif vers lui. Ses longs cheveux blonds, trempés, lui cachaient littéralement les yeux.

Il tourna son visage vers moi et me renvoya un bref sourire amical. Mon pied gauche glissa alors brutalement de son support. Je faillis perdre l'équilibre dans ce coup de tangage, mais me rattrapais rapidement. Nous ressemblions de plus en plus à des cowboys de rodéo, essayant désespérément de rester assis sur le dos de leurs taureaux ! J'essayais d'apercevoir alors ce fichu cordage perdu dans les épaisseurs de la toile à voile quand j'aperçus devant moi le visage fantomatique et irréel de Guillaume. Il semblait flotter, sans un cri, entre le ciel et le pont du navire. Son regard implorait de l'aide. Je tendis le bras, dans un geste fou et inutile. Son corps tombait au ralenti, inévitablement, insidieusement, jusqu'à heurter finalement ce pont meurtrier… assassin !

On venait d'amener mon ami à l'infirmerie, près de la cambuse, à l'avant du navire. Le capitaine Lemarchand était près de lui. Un léger filet de sang s'échappait de son oreille gauche. Il était inconscient, mais bien vivant. Je me sentais complètement inutile et désemparé face au corps de cet être cher. Ni mon nouveau sens marin ni ma science des chiffres ne pouvaient l'aider ! Il fallait que Guillaume survive ! Nous n'étions plus qu'à quelques heures de Granville. Là, il pourrait être pris en charge par des médecins qui, sans aucun doute possible, le sauveraient ! Je restais là, toute la nuit, à veiller sur mon ami. Je redoutais sans cesse que les mouvements de sa poitrine s'interrompent. Son visage devenait de plus en plus livide. Je lui parlais en implorant le ciel qu'il me réponde. Rien… toujours rien… Les minutes paraissaient des heures et les heures des jours…

Au petit matin, Granville était en vue. Nous avions tant rêvé de ce moment avec Guillaume, et j'étais seul, seul à contempler ce port et la foule qui commençait à s'amasser sur le quai. Quelques heures avant le lever du jour, nous avions en effet croisé une bisquine partant draguer les bancs naturels d'huîtres et qui, interpellée par le capitaine, rebroussa chemin afin de nous devancer et prévenir les secours de notre arrivée. Le soleil était éclatant. Le ciel s'était dégagé et le vent avait fini par tomber aussi vite qu'il s'était levé. Arrivés à quelques encablures du quai, je croisais le regard effondré de Juliette, la mère de Guillaume. Son mari, Louis, la tenait fortement dans ses bras. Mon père était également présent. On lisait dans ses yeux toute l'inquiétude et tout le désarroi d'une personne qui se sentait hautement responsable de la situation. Nous amenâmes Guillaume sur le quai où les brancardiers et le professeur Poirier, grand ami de la famille et illustre chirurgien, l'attendaient. Il ausculta rapidement mon ami sous le regard attentif de la foule qui retenait son souffle. En observant ses pupilles, le médecin déclara qu'il souffrait sans aucun doute, d'un important hématome sous-dural, et il fallait sans attendre trépaner le malheureux garçon ! Soudainement, Guillaume fut pris de convulsions. Puis, plus rien. Le cœur du jeune marin venait de s'arrêter. Le célèbre médecin tenta pendant trente minutes de le réanimer. Malgré son génie et nos prières, rien n'y fit. Le professeur se releva lentement, regarda les pauvres parents du jeune homme, et déclara d'une voix quasi imperceptible : « Tout est fini… je suis désolé, je n'ai rien pu faire. » Le clocher de la ville se mit à retentir : onze heures sonnaient, en ce jeudi 11 août ; je repensais furtivement à Amarande !

Quelques semaines après l'inhumation de mon ami, je demandais une audience au professeur Poirier, présent pour quelques jours dans la région. Je ressentais un indéfinissable besoin d'avoir l'avis du grand homme sur le décès de mon ami. À quelques pas de la plage du Gousset, le maître d'hôtel du médecin me fit entrer dans son salon. Le professeur fit son apparition. Le personnage était grand et mince. Doté d'un nez et d'une allure parfaitement aristocratique, l'homme avait de l'allure. Toujours parfaitement habillé quelques soient les circonstances, on pouvait aussi bien le croiser dans les plus beaux hôtels de la capitale en redingote et haut-de-forme, qu'en bicyclette aux bois avec culotte, bas, veston court et casquette ou bien encore dans un canot sur la Seine, affublé d'un tricot rayé et d'un canotier de paille. Célibataire, bien qu'âgé d'une trentaine d'années, il était sans conteste le chouchou de ses dames, qu'elles soient granvillaises, parisiennes, ou d'une (quelconque) autre région d'ailleurs, l'homme n'était pas sectaire ! M'accueillant avec sa gentillesse habituelle, le professeur entama la conversation :

« Comment allez-vous, Paul ? Je sais que les circonstances actuelles sont particulièrement dures pour votre père et vous. Je tiens à vous présenter encore une fois toutes mes sincères condoléances pour la perte de votre ami. Je n'ose imaginer ce que doivent vivre ses pauvres parents. Perdre ainsi leur fils unique !

— Merci professeur pour votre gentillesse et pour votre dévouement envers Guillaume. Je me permets de venir vous importuner justement à son propos. Une question hante mes journées et mes nuits depuis sa disparition : aurait-il pu être sauvé si nous avions agi plus promptement ?

— La fracture du crâne liée à sa chute a entraîné une rupture de l'artère méningée. L'hémorragie qui s'est ensuivie a progressivement comprimé le cerveau jusqu'à provoquer des dommages irréparables et son arrêt cardiaque. Alors… sans doute… oui… si un médecin avait été présent à bord, en le trépanant rapidement afin d'évacuer ledit hématome, peut-être aurait-il pu être sauvé. Pourquoi cette question, Paul ?

— Pour rien, professeur, pour rien. Je me disais simplement que Guillaume aurait eu plus de chance si son meilleur ami avait suivi des études de médecine.

— La vocation pour la médecine peut assaillir un homme à n'importe quel moment de sa vie. Je comprends ta réflexion, Paul, et peux, si tu le souhaites, t'aider. Mes relations à la faculté de médecine de Paris peuvent être utiles. Ton intelligence et ton sens des relations humaines feront de toi un grand médecin, j'en suis intimement convaincu !

— Merci de votre proposition et de vos encouragements, professeur, mais mon père a vraiment besoin de moi à ses côtés. Les affaires deviennent difficiles et il est littéralement abattu par le décès de Guillaume. »

Je rentrai chez moi en laissant cette idée saugrenue de côté, et finissais par l'oublier totalement. Je m'investissais dès lors dans mes nouvelles fonctions. Je travaillais dur et ne m'accordais que très peu de répit. Mon pauvre père était toujours accablé par la trop lourde responsabilité qu'il pensait porter dans l'accident de Guillaume. Voir au quotidien ses pauvres parents, écrasés par le chagrin, lui rappelait sans cesse sa malheureuse décision de nous faire embarquer pour cette maudite campagne de pêche. Sa bonté avait tué… sa grandeur d'âme était responsable de la mort d'un enfant… comment continuer à vivre dans ces circonstances ? Le départ de *la Charité* en ce mois de février 1882 nous rappela à tous de douloureux moments. Mon père ne parvint plus à surmonter son énorme chagrin ni le regard de la mère de Guillaume. Un après-midi, alors que j'étais encore au bureau, il décida brutalement de mettre un terme à sa vie. Il se lança dans le vide, du haut des remparts de sa ville, en contemplant une dernière fois cette mer qui lui avait tant donné… et à qui il confia son âme.

Je me décidais alors à changer de vie et jetais mon dévolu sur la médecine. Au diable le monde cruel des affaires, je consacrerai désormais ma vie à aider mon prochain, et ferai tout pour éviter aux autres les souffrances que nous venons d'endurer. Toutes ces idées peuvent vous paraître innocentes et idéalistes, j'en conviens, mais mon humanisme était sincère ! Je recontactais donc le professeur Poirier, cédais promptement nos affaires familiales au plus offrant et décidais de rejoindre la capitale. Je proposais à Louis et à Juliette de me suivre dans cette nouvelle vie.

N'ayant plus la force de demeurer dans cette ville où tant de malheurs étaient survenus, ils acceptèrent ma proposition. Le 11 août de cette même année, un an jour pour jour après la mort de Guillaume, je quittais Granville…

Chapitre III

Paul — Septembre 1882

Le 20 août suivant, nous nous installions à Paris, rue Soufflot, dans le Vᵉ arrondissement. Avec l'aide de vieilles connaissances de ma famille, j'avais pu trouver rapidement un appartement que j'acquerrais grâce à la vente de mes affaires granvillaises. Ce logement était magnifique. Il se situait au numéro onze de cette splendide rue, tout près du Panthéon, et avait une superficie d'environ trois cents mètres carrés. On y trouvait une grande salle à manger, un bureau, une magnifique bibliothèque, une grande cuisine, deux très grandes chambres et un petit appartement privé pour Louis et Juliette. Comme tous ces appartements de type haussmanniens, la façade était en pierres de taille, les balcons « filants » courant sans interruption d'une extrémité à l'autre de l'immeuble. La hauteur de ces bâtiments était limitée par des règles d'urbanisme strictes, donnant une impression d'unité dans ces rues parisiennes. Tout y était droit et carré. Quitter ma ville où mes ancêtres vécurent, abandonner tous mes repères géographiques, sociaux et professionnels ne fut pas chose aisée. Des doutes m'assaillaient. Avais-je fait le bon choix en agissant ainsi, sur un coup de tête ? Je me torturais d'autant plus l'esprit que j'entraînais dans mes pas, les parents de Guillaume. Juliette et Louis me furent d'une aide précieuse dans ces moments délicats. Notre relation avait d'ailleurs évolué depuis les tristes événements récents. Je n'étais plus pour eux monsieur Le Pellay, mais tout simplement Paul. J'avais dû insister longuement avant que ces braves gens acceptent de m'appeler ainsi. Leur éducation et leur vécu de domestiques dans les grandes maisons normandes paraissaient leur interdire toute familiarité. Avec force de volonté, je passais donc brièvement de monsieur Le Pellay à monsieur Paul pour finir par Paul, tout simplement. J'adorais ces gens et ils me le rendaient bien. Des liens quasi familiaux nous unissaient à présent. Nous avions perdu tous les trois deux êtres chers. L'idée d'être à nouveau considéré comme un fils et de pouvoir sentir le soutien et l'amour de parents aimants me séduisait, me rassurait. Eux retrouvaient en moi quelque chose de Guillaume et vivre à mes côtés aurait pu être considéré, par le docteur Freud, comme thérapeutique. Nous consacrions ces derniers jours d'août à terminer notre installation et faire la connaissance de la ville qui serait nôtre désormais. J'avais décidé, il y a quelques semaines déjà, de vendre notre hôtel particulier de Granville avec tous ses meubles. Je ne voulais rien garder de matériel qui pouvait me rappeler mes parents. Je partais du principe que ces biens étaient semblables au nœud du mouchoir… dès que nos yeux se fixent dessus, indubitablement, nous pensons, nous nous rappelons, et dans certains cas, nous nous torturons. J'avais donc entièrement meublé cet appartement de neuf. Le tout était du plus bel effet.

Je gardais précieusement dans ma chambre seulement deux tableaux représentant mes parents. Mon père, en tenue d'officier réserviste de la Marine, et ma mère vêtue d'une robe blanche, particulièrement élégante, mise en scène dans un jardin anglais. Elle était magnifique ! Son visage était rayonnant de vie et marqué d'un petit sourire, que certains auraient pu définir comme étant « coquin » ! Elle me manquait atrocement en ces jours…

Au début du mois de septembre, je retrouvais le professeur Poirier qui, fidèle à sa promesse, me fit rencontrer quelques-uns de ses amis et parmi eux, le truculent Louis-Hubert Faraber. Ce grand homme serait mon professeur d'anatomie durant mes études de médecine. Il était âgé d'une quarantaine d'années, n'était pas très grand, plutôt trapu et avait un crâne déjà largement dégarni. Son visage, rond, jovial et souriant était orné de deux superbes favoris. Sa réputation, hormis celle d'être un anatomiste d'une compétence rare, le définissait comme étant un joyeux luron, gai, enjoué, toujours prêt à sortir un bon mot.

Je validais donc officiellement mon inscription, achetais les quelques fournitures nécessaires à mes futures études et attendais maintenant avec impatience le début des cours.

Le matin du 14 septembre 1882, je me levai tôt, me lavai, m'habillai d'une façon classique et discrète et déjeunai copieusement. Le grand jour était arrivé… j'allais débuter une nouvelle vie, suivre les traces des célèbres Hippocrate, Fracastoro, Paré, Colombo, Harvey et Parkinson ! Mon appréhension n'avait d'équivalent que ma joie et ma fierté nouvelle. Je me devais de réussir dans cette nouvelle voie, pour mon père, pour Guillaume, pour ma mère que je n'avais pas eu la chance de connaître. Je quittais promptement l'appartement, une petite sacoche à la main qui me donnait déjà, un style très « médical » ! Je dévalais les marches de l'escalier quatre à quatre. Arrivé à l'extérieur de l'immeuble, je pris la direction des jardins du Luxembourg, traversais la rue du Sénat, et pris dans sa totalité, la rue Bonaparte. Arrivé boulevard Saint-Germain, je pénétrais d'un pas sûr et décidé dans les bâtiments que je fréquenterai désormais assidûment durant quatre longues années. La porte d'entrée magistrale et ses deux magnifiques statues de Crauk franchie, j'arrivais dans une grande cour centrale entourée par trois bâtiments. Les étudiants se bousculaient en ce matin de rentrée.

Je repérais rapidement les « bleus », facilement reconnaissables à leurs habits trop chics, trop bien repassés, à leurs sacoches lisses et bien cirées. Dans leur coin, les étudiants de seconde année regardaient d'un air moqueur et supérieur ces jeunes recrues qui leur serviraient de festin dans quelques jours, et à qui ils feraient goûter à leur tour, les joies du bizutage ! Face à moi, une galerie bordée de gigantesques colonnes, où trônait à l'entrée, un panneau peint indiquant la direction de l'amphithéâtre. La cloche de la faculté sonna de son tintement magistral les dix heures. Il était temps de se diriger vers l'endroit où nous attendait le doyen, chargé de notre accueil. L'endroit était vétuste et lugubre. Le professeur Ducreux arriva, d'un pas que seule l'arthrose pouvait ralentir à un tel point. L'homme semblait très âgé. Légèrement bossu, au physique osseux, seul son regard trahissait un esprit encore vif. « Messieurs, vous débutez ce jour vos études de médecine. Vous allez affronter quatre années particulièrement difficiles, où viendront se cumuler les difficultés théoriques, pratiques, où vous côtoierez sans cesse la souffrance humaine. Vous avez choisi là une profession certes très noble, mais particulièrement exigeante, qui vous demandera énormément de sacrifices et d'abnégation. » S'ensuivit toute une série de conseils et de recommandations qui manquèrent me faire sombrer dans un sommeil aussi profond que l'étaient les fosses abyssales bordant les bancs de Terre-Neuve !

Notre formation médicale serait assurée par la faculté pour l'enseignement théorique, l'École pratique assurerait la dissection, l'hôpital se chargerait de notre enseignement au lit du malade, et les concours hospitaliers de l'externat et du très sélectif internat valideraient le tout.

On nous remit nos emplois du temps et les responsables de chaque matière magistrale vinrent se présenter et nous faire un petit laïus tout aussi rasoir que pouvait l'être l'outil tranchant dont se servait un barbier ! Arriva enfin l'heure de midi. Devant tous ces visages de l'assistance décomposés de fatigue et d'ennui, le doyen jugea bon de nous laisser libres le restant de la journée et nous conseilla vivement de faire connaissance. Nous nous retrouvâmes donc dans un café du boulevard Saint-Germain avec mes nouveaux camarades. Tout naturellement, je me rapprochais de deux jeunes hommes que tout semblait opposer. Le premier, Pierre Maheu, était un Méditerranéen type : il devait mesurer un mètre soixante-dix, brun, le cheveu raide, la peau teintée par le soleil, le ventre légèrement arrondi, et avait un air joyeusement enfantin. Le second, Aristide Richet, fils de médecin, avait lui le physique type du Nordique : un mètre quatre-vingt-dix, svelte et certainement très musclé, la mâchoire carrée surmontée de deux yeux bleus, eux-mêmes précédés de cheveux blonds et bouclés. Sa posture rigide et droite lui conférait un côté « militaire » d'autant plus accentué que son absence de sourire semblait chronique. Après un bon moment passé ensemble, rendez-vous fut pris pour le lendemain où notre premier cours d'anatomie serait donné. Je retrouvais comme promis Pierre et Aristide à l'entrée de l'amphithéâtre.

Le professeur Faraber entra, se présenta et insista de prime abord sur l'importance de cette matière que l'on retrouverait dans tous nos examens et pierre angulaire de notre future profession. Le cours commença par l'étude du système nerveux central cérébro-spinal en commençant par la moelle épinière, viendraient ensuite la protubérance annulaire, le cervelet, le mésencéphale, le cerveau antérieur… La fin de cette laborieuse journée arriva. Nous étions dans un état d'épuisement cérébral tel, que nous prîmes la décision de nous retrouver le soir afin de ragaillardir nos pauvres esprits. Nous commencions donc à écumer durant cette première semaine les établissements proches de la faculté. Je comprenais et appréciais dès lors, ce que l'on nommait « la vie étudiante » ! Ces sorties nocturnes, grande nouveauté pour moi, me démontrèrent par contre, à quel point mes connaissances des femmes étaient proches de zéro ! Toute ma jeunesse passée à Granville à fréquenter uniquement des personnes proches du monde marin, donc essentiellement des hommes, ne me permit aucunement d'appréhender les relations avec le beau sexe. Mes camarades semblaient beaucoup moins gauches que moi et durant ces soirées j'admirais leur aisance à aborder et à séduire toutes ces jeunes filles. Ils arrivaient, toujours confiants, le verbe haut, fort de leur nouveau statut d'étudiant en médecine qui leur conférait un gage de sérieux, bousculant les pauvres bougres trop timides ou trop laids pour lutter face à des requins de la séduction. Moi, je n'étais « que » l'accompagnant, l'ami gentil que l'on sort par pitié, le numéro trois qui regarde sans toucher. Je me sentais en dessous de tout et prenais alors conscience du retard accumulé dans ma vie de jeune homme !

La deuxième semaine de cours débutait. Nous poursuivions inlassablement notre étude anatomique du cerveau, et de ses systèmes nerveux, qu'il soit central, sympathique ou parasympathique. Nous savions que les cours de dissection commenceraient dans quelques jours. Nous nous impatientions de découper nos premiers cadavres, ou du moins nous nous le faisions croire afin de ne pas nous faire passer mutuellement pour des âmes sensibles. Pour ma part, j'appréhendais cette expérience. Débiter du poisson était une chose… découper en fines tranches mes semblables en était une autre !

Le mardi matin arriva. Nous nous installâmes paisiblement dans les fauteuils délabrés et inconfortables de notre amphithéâtre, prêt à entendre notre ixième cours d'anatomie lorsque brusquement, les portes s'ouvrirent laissant apparaître des individus surexcités, grimés de peintures barbaresques, vêtus de tuniques blanches bariolées d'écritures.

L'un d'entre eux s'avança et d'un ton digne d'un césar déclara : « Messieurs, les traditions ancestrales qui régissent notre discipline m'autorisent et m'obligent à vous imposer l'épreuve, qui fera de vous de vrais étudiants en médecine. L'heure de votre intronisation est venue, que chose se fasse, j'ai dit ! »

Aussitôt les secondes années nous encerclèrent et nous forcèrent à nous dévêtir et à adopter la tenue blanche immaculée des novices. Encadrés par cette joyeuse et impressionnante escorte, nous nous retrouvâmes dans la cour d'honneur de la faculté. Là, les yeux bandés, alignés le long du mur tels des condamnés attendant le coup de fusil mortel, nous redoutions notre sentence. Elle arriva… chacun d'entre nous eut l'extrême privilège d'être paré du collier officiel des premières années. On nous enleva nos bandeaux et découvrîmes alors avec horreur et dégoût que nous étions décorés de restes humains ! Hubert avait tout un lot d'oreilles, Pierre un collier de phalanges, et moi… une superbe verge et ses attributs qui pendouillaient à quelques centimètres de sous ma bouche ! Je n'avais jamais vu auparavant une telle pièce aussi près de mon visage et jurais devant Dieu de ne jamais faire subir cet affront à mon prochain… bien que… si la tradition l'obligeait…

Nos tortionnaires, après nous avoir fait déambuler dans les grandes artères parisiennes sous les regards effrayés et ahuris des passants, nous firent prendre le tramway qui reliait la place de la Concorde au palais de l'Industrie. Siemens, créateur de ce tronçon inauguré récemment lors de la première Exposition internationale d'électricité, n'aurait certes jamais pensé voir de tels hurluberlus fréquenter ses rames !

Nos chers confrères de seconde année, non contents d'effrayer les passagers avec nos débris humains sanguinolents, se chargèrent de remplir les poches de quelques pauvres malheureux, de très belles pièces anatomiques. J'imaginais sans peine la réaction de stupeur et certainement de frayeur, de ces personnes lors de la découverte d'un tel présent. J'avais un sentiment de honte devant cette démonstration que réprouvait la morale. D'aucuns seront choqués comme je le fus moi-même, d'autres justifieront ces excès démonstratifs comme étant des palliatifs à tout ce qu'un jeune étudiant en médecine pouvait voir, sentir, toucher et vivre d'horreur et d'inhumanité. Notre supplice se termina enfin. Nous décidâmes ce soir-là de rentrer directement chez nous, sans penser à nous amuser. Cette journée nous avait épuisés. Après-demain commenceraient nos cours de dissection et il nous faudrait au moins quarante-huit heures de repos physique et psychologique pour avoir de nouveau le courage de manipuler des restes humains.

Le mercredi matin, je quittais mon appartement après avoir résumé rapidement à Juliette et à Louis (en omettant volontairement les détails les plus scabreux !), ma folle journée de la veille. Je suivais le même chemin qu'à l'accoutumée, en traversant les jardins du Luxembourg. Les arbres commençaient à roussir à l'approche de l'automne, et le temps n'était plus estival en cette matinée. Arrivé à la place Saint-Sulpice, je vis un rassemblement de personnes encadrant le porche de l'église du même nom.

Les murmures de la foule ressemblaient au bourdonnement d'une ruche. J'essayai de m'approcher en me faufilant, mais en vain. Sur la pointe des pieds, j'aperçus des gendarmes, des infirmiers, le prêtre de la paroisse et des personnes vêtues de noir, ressemblant à des croque-morts.

Une charrette de l'hôpital équipée de deux magnifiques percherons était tournée vers les marches qui menaient aux portes de l'église. Cette mise en scène inquiétante et l'aspect ténébreux du ciel donnaient à l'ensemble un aspect dramatique. J'essayai de me renseigner auprès de quelques curieux. J'appris alors qu'il s'agissait d'une jeune femme, trouvée inconsciente, peut-être morte, à moitié dévêtue, sur le parvis de l'église Saint-Sulpice. À ce moment, la foule s'écarta sous les éclats de voix des gendarmes et laissa passer l'attelage tout en se signant sur son passage. À l'arrière, les tristes personnages de noir vêtus encadraient un corps recouvert d'un linceul blanc. La mort avait sans aucun doute fait son œuvre.

Jeudi : grand jour pour nous tous. Ce matin, l'appétit me manque et je sens de prime abord mon estomac quelque peu retissant à toute nourriture. Ne sachant pas comment mon organisme réagirait à la vue et à l'odeur de cadavres, je décidai de jeûner. J'atteignis à l'heure dite l'entrée de l'université et y retrouvai mes deux compagnons. Une certaine angoisse nous étreignait et malgré les sourires et les blagues bon enfant de rigueur dans ces moments-là, je sentis mes camarades aussi mal à l'aise que moi. Nous traversâmes la route pour rentrer dans les locaux de l'École pratique. Une présentation sommaire nous informa que nous pourrions venir disséquer notre cadavre quand bon nous semblerait, comme il nous plairait et que personne ne viendrait nous aider, nous orienter ni nous faire de cours magistral. On nous orienta dans le pavillon numéro deux. Le préposé aux salles nous ouvrit. Le pavillon était vétuste, comme le restant des locaux de la faculté. Pour des raisons de conservation des corps, il y faisait particulièrement frais et l'aération semblait d'office défectueuse. La lumière blafarde des lampes surplombant chaque table de dissection ajoutait au sinistre de la pièce. Nous étions dix étudiants dans ce pavillon… soit dix corps… dix corps allongés, recouverts d'un drap immaculé, alignés sur deux rangées. Les cadavres étaient disposés sur des civières métalliques sous lesquelles passaient des gouttières afin d'évacuer les flux humains. On nous attribua alors les tables. Dès les premières minutes qui suivirent, mes jambes se remirent à trembler. Mon nom arriva : « Le Pellay Paul, table six… jeune femme découverte sans vie hier matin place Saint-Sulpice. Mort naturelle déclarée par le médecin et validée par la gendarmerie. Aucune trace de coups ni trace de lutte. Aucune identité établie, donc corps attribué à l'École pratique. Amusez-vous bien, monsieur Le Pellay ! »

Et le préposé s'éloigna arborant un sourire, émettant un grognement de plaisir, tout comme l'aurait fait le comte Dracula devant une bolée de sang frais ! Je m'avançai à pas lent et tremblant vers ma table, essayant de voir d'après les formes à quoi ressemblait cette jeune femme. L'angoisse me prenait à la gorge. Mon cœur amplifiait ses contractions. Mes poumons s'emballèrent. La chaleur de mon corps augmentait rapidement. L'air ne rentrait quasiment plus dans ma cage thoracique, je suffoquais, ma vue se troublait, et… et…

Je me réveillais quelques minutes plus tard, allongé sur le sol carrelé et froid. Un linge humide était posé sur mon front. Le préposé était agenouillé à mes côtés, toujours affublé de ce sourire vampirique.

Mes camarades, debout autour de moi, me regardaient avec un air de pitié mêlé d'amusement. Seuls mes deux amis vinrent m'aider à me relever, m'apportèrent un verre d'eau et essayèrent de me réconforter. Sur un ton quelque peu ironique, Pierre me lança : « Tu as fait le plus dur, tu as perdu connaissance avant même de commencer à disséquer, ton honneur est sauf. Tu n'as plus maintenant qu'à regarder tomber les uns après les autres, ces crétins à la vue de leur première goutte de sang ! » Une fois recouvrée ma position verticale, la bouche affreusement sèche, le regard légèrement troublé, mon crâne endolori par la rencontre avec le sol, mes jambes toujours tremblantes, je me décidai enfin à avancer vers cette table. Pour quelle raison la présence de cette jeune fille me mettait-elle dans un tel état ? J'avais eu plusieurs fois durant ma campagne de pêche au Canada, l'occasion de voir des blessés plus ou moins graves et même un mort en la personne de mon meilleur ami. Était-ce le cadre de cette pièce, le manque d'air, l'odeur de formol, la pensée des gestes affreux que je devrais effectuer dans quelques minutes ? Aucune réponse ne me satisfaisait. Arrivé au pied de ma table de dissection, je saisis le drap qui recouvrait ce corps, respirai profondément, fermai les yeux quelques secondes et me décidai à ôter ce tissu brutalement. Mon regard plongea directement sur le visage de la jeune femme.

Elle était merveilleusement belle.

Ses cheveux châtain clair étaient raides et relativement courts pour l'époque, n'atteignant que le bas de sa nuque.

Des mèches éparses couvraient son front et masquaient les extrémités de ses yeux.

Sa peau était d'un blanc laiteux.

La forme de ses paupières étirées, son nez légèrement retroussé, lui conféraient un air princier. De prime abord je sentis que cette jeune fille n'était pas une femme du peuple. Je n'arrivais plus à ôter mon regard de ce visage.

J'étais comme envoûté par cette beauté rare, et ressentais un malaise émotionnel m'envahir. Je ne connaissais pas cette sensation, pour ne l'avoir jamais vécue auparavant. Je ne pouvais pas être amoureux d'une personne décédée... d'un corps sans vie... d'un cadavre ? J'avais la nette impression d'avoir une histoire commune à vivre avec cette jeune femme, qu'un destin commun nous réunirait, que des événements futurs nous rapprocheraient. Je me sentais proche de la folie. Il fallait me ressaisir, redevenir maître de mes émotions et de mes gestes, accepter la réalité morbide qui gisait devant moi. Je touchais inconsciemment sa main, je tressaillais. Ce corps était blanc et froid comme le marbre ! Je venais de toucher la mort... Je reprenais brutalement mes esprits et me décidais à agir comme un « scientifique ». Je commençais alors à regarder ce corps dans son ensemble, ne voyant désormais plus la splendide créature qui m'avait tant troublée il y a encore quelques instants, mais qu'un cadavre, un amas d'organes qui m'était confié pour étudier l'anatomie et la physiologie du corps humain. Comme le signalait le rapport de gendarmerie, aucune trace de violence n'était visible.

Je remarquais juste deux plaques rouges, inflammatoires, partant du biceps de la jeune femme et s'étalant sur son thorax.

On aurait pu penser, de par leurs formes, à des marques laissées par des lanières de cuir. Mon imagination toujours débordante vit le chiffre onze, ce maudit chiffre onze qui rythmait ma vie depuis des mois et des mois : la doris numéro onze qu'on nous attribua pour aller poser des lignes de fond sur les bancs de Terre-Neuve et qui faillit devenir notre linceul ; onze heures en ce 11 août 1881 où Guillaume mourut quasiment entre mes bras ; le 11 août de l'année suivante où je quittais Granville pour venir faire mes études de médecine à Paris !

Mes connaissances pathologiques étant inexistantes à ce niveau de ma formation, je devrais faire des recherches sur ces mystérieuses marques à mon retour chez moi.

Mon regard fut soudainement et subrepticement, attiré par une cicatrice se trouvant sur le haut de la cuisse droite.

Cette marque me renvoyait à un souvenir qui demeurait encore obscur, mais qui, je ne sais pour quelle raison, me mettait terriblement mal à l'aise.

Redressant brutalement la tête, mes yeux rencontrèrent le fieffé visage du préposé.

Il m'observait longuement, cherchant à percer mes pensées.

Ayant visiblement ressenti mon « mal aise », l'individu semblait soudain intrigué, inquiet, voir effrayé !

Il regardait à présent de droite, de gauche, tel un voleur pris sur le fait, et sortit précipitamment de la salle. Mes camarades étudiants et moi-même, laissés seuls, libres de travailler à notre bon vouloir, mais fortement influencés par les conseils du (désormais absent) préposé, décidâmes de commencer notre travail anatomique par l'étude pratique du cerveau. Vouloir étudier cet organe dans sa complexité était une noble chose, mais encore fallait-il pouvoir y accéder ! Après d'âpres discussions et bon nombre d'idées farfelues évoquées par mes enthousiastes collègues, une stratégie quasi chirurgicale fut élaborée. Chacun, penché sur « son » cadavre, ganté, masqué, équipé d'un bistouri, s'apprêtait à commettre l'irréparable : ouvrir l'enveloppe humaine, souiller un corps avec nos mains, disséquer un être qui avait vécu, aimé, pleuré, ri… Je ne pouvais plus reculer.

Mes camarades avaient déjà commencé à agir.

Je saisis fortement le bistouri entre mon index et mon pouce, maintenant d'une main forte la tête, respirais calmement et longuement, appuyais sur la lame et fis glisser délicatement cette dernière.

J'incisais ainsi la face supérieure du crâne en partant du haut de l'oreille droite jusqu'au haut de l'oreille gauche… Je sentis l'os littéralement « résonner » dans mon avant-bras. La sensation était horrible et n'était rien comparé à ce qui me restait à faire ! Je devais à présent replier la partie antérieure de la peau vers le visage de la malheureuse. Je le fis en me concentrant sur l'effort à produire. Il fallait oublier que je pelais un visage humain… comme je le ferais avec une simple orange ! Il m'avait fallu faire preuve d'une force incroyable… je m'étais arrêté au niveau du sommet des cavités oculaires et la peau recouvrait désormais le visage de la pauvre femme. J'étais en eau… mais toujours conscient… et pas mécontent de l'être ni de pouvoir prouver à mes petits camarades que je n'étais pas une âme aussi sensible que mon petit vertige de tout à l'heure aurait pu leur faire penser ! Mon honneur était sauf ! Je regardais autour de moi.

Deux étudiants étaient allongés à leur tour sur le sol.

Certains les entouraient et comprenaient volontiers leur malaise face à cette difficile épreuve… eux-mêmes n'étant pas au mieux de leur forme ! Seuls Pierre, Aristide et moi-même restions concentrés sur notre travail. Je décalottais la face postérieure à présent.

Le crâne apparaissait désormais, masse blanchâtre, solide, perdue dans des débris de chairs rougeoyantes. Il ne me restait plus qu'à ouvrir cette boîte de Pandore avant de découvrir le merveilleux organe.

Je saisis une scie à os, commençais à découper l'os pariétal droit, puis le temporal, entamais l'occipital pour revenir vers le temporal, sciais le pariétal gauche et terminais par l'os frontal.

Je progressais dans mon œuvre en soufflant et respirant comme un grand sportif, tous les muscles de mon corps étaient tendus, douloureux, j'arrivais au bout de mon effort, encore quelques centimètres, et je pourrais ôter cette partie de boîte crânienne qui protégeait encore le cerveau. Soudain, par ma faute sans doute (je ne pouvais en effet pas évoquer la responsabilité de ma pauvre patiente, cette dernière demeurant ô combien sage et immobile !), ma main dérapa et la scie osseuse vint m'en déchirer quelques centimètres de peau. La voûte du crâne avait été propulsée à un bon mètre de la table de dissection et tournait à présent au sol comme une véritable toupie. Je souris bêtement devant cette scène tragico-comique et devant la douleur naissante, je regardais promptement ma main gauche.

Mon gant était déchiré, mes doigts laissaient couler un filet de sang, teintant d'une façon presque artistique l'encéphale de ma patiente.

Une équille osseuse avait pénétré au-dessus de mon pouce, par je ne sais quel hasard, et, pour clore ce merveilleux tableau apocalyptique, mon index nu et blessé était recouvert de substance grise cérébrale…

Soigné tant bien que mal par Aristide, je poursuivais encore pendant deux longues heures, l'étude anatomique du cerveau. La journée s'achevait enfin.

Mon esprit était empli d'émotions diverses et variées, bouleversé tout d'abord par ma particulière et morbide rencontre avec cette femme, magnifique et mystérieuse. De nombreuses questions m'assaillaient à ce sujet : pour quelles raisons le destin nous avait-il réunis ? Quel lien, déjà palpable, semblait indubitablement me faire sentir si proche d'elle ? Pour quelles raisons me semblais-je investi d'une mission pour cette jeune femme ?

Sa mort me semblait en effet étrange et quelque chose me dérangeait dans cette affaire. Il faudrait que j'examine ce corps avec beaucoup d'attention, que je fasse de nombreuses recherches pour essayer de comprendre par quel hasard cette jeune fille avait été retrouvée quasi nue en un tel lieu, sans identité, décédée d'une cause qui paraissait naturelle, mais qui, je le ressentais au plus profond de moi, ne l'était pas !

J'étais, malgré tout, assez fier de moi.

J'avais réussi à braver mes peurs, à rester suffisamment concentré sur mon sujet, pour ne pas avoir pleinement conscience de l'atrocité de mes gestes. J'avais enfin compris que la dissection d'un corps, tout en devant être réalisée dans le respect de la personne décédée, nous permettrait dans quelques années, grâce aux connaissances ici acquises, de soulager des souffrances et de sauver des vies.

C'était une matière difficile à supporter, certes, mais totalement indispensable, et qui devrait me permettre d'aider cette jeune femme… Drôle de notion que celle de pouvoir aider une personne ayant déjà quittée ce bas monde !

Nous nous quittions une fois de plus, de bonne heure avec Pierre et Aristide.

Cette journée avait été épuisante physiquement et psychologiquement. Rentré chez moi, je dispensais Juliette et Louis de détails « craquants » et « rougeoyants » dont les souvenirs me revinrent en découpant le gigot d'agneau. Je me couchai tôt et plongeai rapidement dans un profond sommeil. Cette nuit-là, une chose étrange se produisit, qui n'était pas à proprement parler un cauchemar.

Il m'avait semblé vivre réellement une scène terrible où j'avais ressenti la peur, la douleur et surtout… la mort rôder, et finalement me saisir…

Dans cette vie parallèle, je n'étais plus un homme… mais une femme… une jeune femme !

À mon réveil, mon corps était affreusement douloureux.

Mon cerveau tardait à me rendre mon identité masculine. Pendant plusieurs minutes, je ne pouvais dire qui j'étais, ce que j'étais, où j'étais… Vivant ? Mort ?

Petit à petit, je revenais à moi… mes souvenirs de cette nuit également ! Ma « seconde vie » cauchemardesque débutait dans un milieu liquide, je résistais pour rester à la surface, je me débattais. Brutalement, une « chose » me saisit le bras et chercha à m'entraîner vers le fond… Une brûlure atroce se déclencha irradiant de mon biceps au milieu de ma poitrine. Mon souffle commença à se faire difficile, je sentais ma gorge me brûler, gonfler, l'air ne passait plus, je suffoquais !

J'étais en train de vivre mes derniers instants de vie, mon regard se brouillait… le noir, le noir total, infini, permanent…

Je me levais péniblement, marchant difficilement vers la salle d'eau, bien résolu à prendre un bain salvateur susceptible de purifier mes mauvaises pensées. J'ouvris les robinets, me déshabillais. Je me regardais instinctivement dans le miroir et là… une plaque rouge ressemblant au chiffre onze barrait ma poitrine et dérapait sur mon bras !

Chapitre IV

Maurice Jarré, Paul et Margot de Lescures
Fin septembre 1882

Trois coups brutaux furent frappés à la porte… « Entrez ! », répondit une voix puissante et autoritaire. La porte s'ouvrit, laissant entrevoir l'huissier vêtu de l'uniforme officiel : redingote et gilet noir, chemise et nœud papillon blanc, chaîne avec médaille autour du cou, souvenir de la monarchie dont la démocratie tient malgré tout à garder le souvenir…

« Monsieur le ministre, Mme la comtesse de Lescures est arrivée…

— Faites entrer, je vous prie !

— Bien monsieur le ministre… »

La comtesse Margot de Lescures entra, richement vêtue, parée de quelques bijoux somptueux qui n'avaient d'égale que sa beauté. Tout en elle n'était que sensualité : sa démarche, sa posture, son regard, son sourire.

Maurice Jarré, alors ministre de la Marine dans le cabinet Leclere, connaissait la belle dame depuis maintenant quelques mois.

Il l'avait rencontrée au mois de novembre de l'année 1881.

Alors en pleine négociation pour l'acquisition d'un stock important d'armes, M. le ministre dut effectuer quelques déplacements dans les principales usines européennes et rencontrer leurs dirigeants.

La stratégie politique que menaient les principaux alliés de la France en vue de prendre possession de la Chine, les poussaient à acquérir des positions fortes dans le sud de ce pays. La guerre franco-chinoise battait son plein depuis quelques mois quand notre gouvernement s'enquit de conquérir l'Indochine.

Pour ça, il fallait réalimenter le pays en armes. C'est ainsi que Maurice Jarré rencontra le comte Antoine de Lescures. Issue de la vieille noblesse française, sa famille avait fait fortune dans le commerce des armes.

En fin négociateur, et ne pouvant tolérer de perdre ce succulent marché avec le gouvernement français, M. le comte ne laissait rien au hasard pour convaincre le ministre de la Marine.

Arguments financiers, présents somptueux et surtout… un doux et chaleureux repas avec Mme la comtesse. Sûr du charme indéniable et irrésistible de sa femme, le jeune dirigeant ne pouvait rater son affaire ! L'équipe ministérielle se rendit à Sainte-Honorine, petite localité toute proche de Paris, où se trouvaient l'entreprise d'armement et le château du Haut-Mesnil, où vivait le couple.

Après les présentations d'usage, M. le ministre et son directeur de cabinet rencontrèrent enfin la jeune femme.

Maurice Jarré fut immédiatement subjugué par la beauté rayonnante de la comtesse. Son visage aux traits fins, ses yeux légèrement en amande et du plus bel acajou, son magnifique petit nez retroussé, joint à une chevelure foncée mise en valeur par une coupe courte et moderne ; aucun homme digne de ce nom n'aurait pu résister. Quand Adam rencontre Ève… la pomme ne pouvait être que dévorée ! Tout au long du repas, le ministre de la Marine s'intéressa beaucoup plus aux canons de beauté de la jeune maîtresse de maison qu'aux propulseurs d'obus dont son mari chantait les louanges.

Le charme avait opéré… M. le Comte avait quasiment partie gagnée !

M. le ministre avait les yeux qui brillaient, seule Margot semblait s'ennuyer et ne rien comprendre à la situation.

Elle avait l'habitude de ces repas d'affaires et désirait, plus que tout, y assister… séances insipides avec des personnages qui l'étaient tout autant ! Ce ministre bedonnant, aux cheveux rares et plaqués par la brillantine, affublé de ridicules petits lorgnons fixés sur le bout de son grand nez, ne tarissait pas à la règle. Il n'avait pas cessé de la dévisager d'un air quasi obsessionnel et l'avait mise particulièrement mal à l'aise. Elle était consciente de sa beauté et avait compris depuis fort longtemps, malgré son jeune âge, qu'elle était devenue un « argument de vente » dont elle savait tirer le meilleur profit !

M. le comte de Lescures avait reçu la petite fabrique familiale d'armes créée en 1799 par son grand-père, date à laquelle Napoléon Bonaparte fut nommé Premier consul. Ayant hérité de l'affaire au décès accidentel de ses parents, en 1870, il eut immédiatement le désir de développer cette petite entreprise.

Il se mit ardemment à la recherche d'influents associés et de capitaux, ce qu'il trouva. La puissante banque Carlier (dont Anatole Carlier était le créateur et le dirigeant) associée à différents magnats de la finance (plus ou moins honnêtes d'après les ragots) se proposa d'entrer dans le capital de l'entreprise.

Antoine de Lescures garderait soixante pour cent des parts de la société, les quarante autres revenant au groupement d'investisseurs. La vieille entreprise malade et fatiguée devint rapidement une société florissante en plein essor !

La banque et ses associés mirent d'office une forte pression sur les épaules d'Antoine. Ce dernier sentait les rênes lui échapper progressivement et se sentait pris au piège. Il fallait en permanence chercher de nouveaux clients et tout faire… tout faire pour signer de nouveaux contrats, quitte à prendre quelques libertés avec la morale. Ces manières de faire le dégoûtaient ! Lorsque la France s'intéressa à son entreprise, ses associés (comprenant que ce type d'affaires pouvait rapporter des milliards de francs-or) lui donnèrent l'ordre de conquérir rapidement ce gros marché par tous les moyens en son pouvoir.

Antoine réalisa rapidement que ses nouveaux partenaires ne reculeraient devant rien pour parfaire leurs fortunes ! Quand Anatole Carlier vint le voir personnellement quelques semaines plus tard, il savait que le banquier ne faisait pas le déplacement depuis ses bureaux parisiens, pour goûter à l'ancienne production des pourtant succulents vins de l'abbaye de Montmartre !

Anatole Carlier avait tout du requin sans pitié de la finance.

Son teint blafard, son nez long et crochu, les commissures de ses lèvres tirées vers le bas de son visage, les yeux creusés et sombres comme la nuit, l'homme pouvait physiquement faire peur.

Son physique effrayant n'avait d'égal que sa morale : le personnage en était totalement dépourvu.

Les bruits les plus fous résonnaient dans le Tout-Paris : on le disait mêlé à d'obscures affaires politico-financières où s'entremêlaient joyeusement prostitution, soudoiement d'hommes d'État, d'élus, détournements de fonds et même parlait-on de disparitions inquiétantes, certains allant même jusqu'à l'appeler « le fossoyeur » ! Antoine de Lescures, dans sa précipitation et sa joie de trouver enfin des partenaires à la hauteur de ses espérances financières, ne prêta pas d'importance à ces ragots… bien mal lui en prit !

« Monsieur le comte, j'ai appris, grâce à des relations bien placées au sein du ministère de la Marine et de l'Élysée, que l'État envisagerait de donner la préférence pour son contrat d'armement, à une entreprise suisse. Je vous rappelle que ce contrat est estimé à cinq milliards de francs-or ! Si ce n'est votre amour de l'argent, votre sens patriotique devrait en être bouleversé !

— Que puis-je faire d'autre monsieur Carlier ? Mes adjoints et moi-même avons fait le maximum pour convaincre ce ministre ventripotent, mais seule ma femme semblait l'intéresser. Vous ne voulez quand même pas que je pousse mon épouse dans son lit pour vos petites affaires ?

— Vous ne vous imaginez même pas ce dont je serais capable pour obtenir ce contrat, monsieur le comte. Pour mes associés et moi, votre femme, aussi belle et respectable soit-elle, demeure une entité négligeable. Faites en sorte que ce contrat nous revienne ou je peux vous garantir que vous regretterez amèrement le jour où vous nous avez rencontrés !

— Dois-je prendre vos paroles pour des menaces, monsieur Carlier ?

— Nullement monsieur le comte… des menaces resteront à jamais des menaces… non suivies de faits. Sachez que votre vie et celle de votre femme ne feront jamais le poids à côté de cinq milliards ! Vous n'êtes qu'un pion dans notre échiquier, monsieur le comte, un misérable petit pion de porcelaine que nous pouvons briser ! Le nouveau contrat d'armement sera signé avec l'entreprise qui remportera le marché le 1er octobre… je vous laisse un mois pour renverser la tendance. Sinon… bien le bonjour monsieur ! »

Margot s'aperçut très rapidement que son mari avait changé après cette brève rencontre. Elle essaya de l'interroger, mais en vain.

Antoine ne parlait plus, se nourrissait fort peu, dormait la plupart du temps sur le divan de son bureau, devenait irritable, s'absentait parfois plusieurs heures d'affilée pour des promenades solitaires dans les bois qui bordaient leur domaine. Elle se sentait esseulée.

Sa famille lui manquait… D'origine britannique, Margot avait perdu, il y a une vingtaine d'années, ses parents et son frère cadet dans le naufrage de la *Frégatela Sémillante* sur les côtes des îles Lavezzi, situées à dix kilomètres au sud-est de Bonifacio, en Corse-du-Sud. Âgée de seulement quelques mois au moment du drame, elle avait été tout naturellement élevée par son oncle, frère de son pauvre père, et de vingt ans son aîné. Lui et sa tante disparurent quelques mois après sa confirmation, ne lui laissant que des dettes.

Directeur d'une grosse société de spiritueux, il avait malheureusement deux défauts majeurs : le jeu et les femmes !

Le jeu le ruina et les femmes le tuèrent !

Il mourut dans les bras d'une de celles-ci, à la suite d'un effort trop soutenu, dans les toilettes d'un train l'emmenant « pour affaires » à Londres.

Arrivé à la gare de Saint-Pancras, il fallut découper à la hache la cloison dudit cabinet, emprisonnant le bienheureux décédé, et sa faiseuse de bonheur. Les ambulanciers de la ville relatent encore cette histoire érotico-mortelle comique. Le corps, recouvert d'un linceul, fut transporté sur un brancard. Par un malheureux concours de circonstances, la porte du wagon piégea le noble linge, laissant à la vue de tous les passagers, l'heureux homme en redingote et pantalon baissé. La foule présente découvrit sur son visage un sourire béat, témoignant que monsieur avait atteint le paradis !

Sa pauvre veuve se laissa mourir de honte peu de temps après, mais elle… habillée et dans son lit. Quoi de plus tristement banal ?

Le second frère de son père, célibataire et sans enfant reconnu, futur secrétaire à la Défense, l'avait alors adoptée. Margot n'avait que quelques amis d'enfance sur Londres, amis qu'elle n'avait pas revus depuis son mariage.

Elle était donc seule au Haut-Mesnil. Un après-midi au début du mois d'avril 1882, comme à son habitude, Antoine la quitta pour aller se promener dans les bois.

Elle le regarda partir tenant à la main son bâton de marche, la tête baissée, le regard fixant le sol. Le soir arrivant, ne voyant pas son mari rentrer, craignant le pire, elle prévint les autorités compétentes.

Après plusieurs jours de recherches dans un périmètre de cinq kilomètres, ces dernières n'ayant rien donné, l'enquête conclut à une disparition volontaire. On n'avait pas, en effet, retrouvé la moindre trace d'Antoine : pas de vêtements, pas de sang, pas de traces de lutte, rien ; jusqu'au jour où un officier de gendarmerie accompagné du maire du village voisin se présentèrent à la grille du château. Ils furent introduits auprès de Margot.

Un corps, supposé être celui d'Antoine, venait d'être retrouvé sur les berges de la Seine, à quinze kilomètres en aval.

Le rapport d'expertise concluait à un suicide.

Le corps avait souffert de son séjour dans l'eau, mais ne montrait aucune trace de violence. Seules quelques marques étaient visibles : des traces de griffures et quelques hématomes, probablement fruits de rencontres avec des branchages ou roches acérées. La plupart des habitants du village (tous salariés de l'entreprise d'armement), M. Anatole Carlier, son associé, ainsi que M. le ministre de la Marine, M. le chef de cabinet du président Devry, M. le préfet et d'autres sommités du monde politique départemental et régional, furent présents le jour de ses funérailles.

Le ministre Jarré, tout en présentant ses sincères condoléances à Mme la comtesse, continuait à la regarder tout comme un diabétique regarderait une pâtisserie. Décidément, ce triste individu la choquait et la dégoûtait au plus haut point. Peu de temps après, ne supportant plus la solitude de sa propriété, mais restant désireuse de s'investir dans les affaires de son mari (sa part majoritaire lui revenant de droit), elle codirigea de Paris l'entreprise avec M. Carlier.

Ce dernier lui assura qu'il ferait de son mieux pour faire prospérer l'affaire et espérait ainsi honorer la mémoire de M. le comte. Il désirait à ce propos, l'entretenir d'un problème des plus urgents. Margot quitta quelques semaines plus tard le château du Haut-Mesnil ne pensant y revenir qu'à de rares occasions, comme pouvaient l'être les réunions du conseil d'administration. Elle s'installa rue Bonaparte, près des jardins du Luxembourg dans son magnifique appartement avec un domestique, qui lui avait été chaudement recommandé par M. Carlier. Un soir d'avril, le directeur de la banque du même nom se présenta à son domicile. Après s'être enquis de son état, l'avoir félicitée pour le charme de son intérieur, il déclara :

« Madame la comtesse, je viens vous informer que les affaires vont mal. La France, en guerre avec la Chine, se préparant à envahir l'Indochine, est prête à accorder sa confiance pour ses armes à une entreprise suisse. Seule vous, pouvez nous aider, madame !

— Mais de quelle manière puis-je vous aider mon ami ? Je suis totalement incompétente en affaires et n'y connais absolument rien aux armes ! Je suis évidemment prête à faire n'importe quoi pour sauver l'empire dont mon regretté mari est à l'origine !

— J'en suis fort aise, madame la comtesse. Sachez que l'idée que je vais vous soumettre me répugne au plus haut point, mais que seule une situation aussi désastreuse que l'est celle de notre entreprise m'impose à vous présenter. Voilà. Vous savez que le ministre de la Marine, M. Maurice Jarré, est seul juge dans l'affaire qui nous intéresse. Son avis fera office de quasi-décision auprès du président Devry. Vous avez dû vous apercevoir qu'il était follement épris de vous… je vous demande donc de l'amadouer… de lui faire penser qu'une femme telle que vous pourrait s'intéresser à un homme comme lui… que vous seriez peut-être prête à l'aimer…

— Mais pour qui me prenez-vous, monsieur ? Pour une fille de joie ? Pour une catin prête à vendre son corps pour quelques sous ?

— Pour quelques sous ? Je vous rappelle madame, que l'on parle ici de cinq milliards de francs-or !

— Vous me dégoûtez, monsieur ! Sortez de chez moi immédiatement, je ne veux plus jamais vous revoir. »

La visite de Mme la comtesse de Lescures en ce mois de septembre 1882 revêtait une part de mystère pour Maurice Jarré. La dernière fois qu'il l'avait vue, aux funérailles de son époux, il avait ressenti à quel point elle pouvait le détester.

Il la comprenait pourtant !

Il se savait être l'antithèse d'un Apollon, et avouait avoir regardé cette femme avec beaucoup trop d'insistance, au point de la rendre mal à l'aise.

Cette visite l'étonnait donc.

La dame entra, arborant un magnifique et sensuel sourire.

Elle lui tendit la main, il la baisa en se courbant, aussi élégamment que son imposant et encombrant corps le lui permettait.

Il était séduit, indubitablement conquis par cette véritable beauté grecque !

« Comment allez-vous, très chère amie ?

— Tout va pour le mieux, monsieur le ministre. Je venais en femme d'affaires, voir où en était votre réflexion sur le contrat qui nous intéresse.

— Madame la comtesse…

— Margot, appelez-moi Margot, je vous en prie, très cher ami !

— Euh… bien… euh… Margot… l'avantage est pour l'instant du côté des Suisses, je ne vous le cache pas. Les avantages financiers sont certains et je ne puis occulter que je ressens une profonde animosité envers votre associé, M. Carlier…

— M. Carlier est une chose, cher Maurice, mais il y a moi, il y a nous. »

À ces mots, le visage du ministre de la Marine prit la teinte d'une fraise bien mûre. La comtesse s'arma de son plus beau sourire, de son regard le plus langoureux, mis son menton en appui dans la paume de sa main, après avoir croisé subtilement les jambes…

« Que diriez-vous d'un repas en tête-à-tête, cher Maurice, rien que vous et moi ?

« — J'en serais enchanté, chère amie, tout simplement enchanté. Votre jour sera le mien !

— Que diriez-vous de demain soir… chez moi ?

— C'est parfait, chère Margot ! Je vais faire annuler mes obligations par mon chef de cabinet, et l'envoyer assurer mes corvées ! »

Mᵐᵉ la comtesse sortit en laissant Maurice Jarré dans un état second… Cette femme était décidément étonnante !

Elle avait littéralement changé de comportement avec lui, passant d'un profond dédain à un véritable déballage de séduction !

Il savait inconsciemment que cette démarche était intéressée, mais peu importe ! Cette femme était splendide, il en était totalement amoureux et après tout, il ne serait pas le premier homme à profiter d'une situation comme celle-là.

Il savait son physique proche du désagréable, mais il pouvait fort bien comprendre que sa stature d'homme d'État pouvait séduire une femme, aussi belle et aussi riche soit-elle ! Quelque chose d'autre avait pourtant changé chez Margot, il le jurerait.

Il retrouvait son visage, son sourire, son petit nez si caractéristique, mais son regard était différent, était-ce une impression ?

Son maquillage plus prononcé qu'a l'époque ? Il se convainquit que ce n'était pas important… il était d'ores et déjà débordant de sentiments pour cette jeune femme et attendait avec impatience son galant rendez-vous !

Le lendemain soir arriva.

M. le ministre était aux anges.

Mᵐᵉ la comtesse était plus belle, plus charmante que jamais.

Le repas fut succulent, la nuit le fut tout autant. Margot fit naviguer le ministre de la Marine à des altitudes sensuelles qu'il n'avait encore jamais atteintes !

La jeune amante semblait même prendre un plaisir fou, au grand étonnement de M. Jarré, qui ne se savait pas aussi irrésistible.

Quelques semaines plus tard, toujours éperdument amoureux et ayant perdu quelques grammes grâce à ses exploits nocturnes, M. le ministre de la Marine convainquit l'ensemble des ministères concernés et M. le président de la République, Jules Devry. La commande de cinq milliards de francs-or d'armes serait confiée à un grand groupe français codirigé par Mme la Comtesse de Lescures et par M. Anatole Carlier. Ah, que le patriotisme est beau quand il se manifeste de cette façon !

En septembre 1881, la guerre franco-chinoise avait éclaté, la prise du Tonkin était en cours depuis le mois d'avril 1882... les armes parlaient... les politiciens négociaient... bref... le monde tournait rond !

Chapitre V

Paul — Fin septembre 1882

Paul se tenait là, devant son miroir, aussi subjugué qu'un enfant pourrait l'être devant un magicien ayant réussi un tour extraordinaire.

Quelle était cette étrange trace rouge en tous points semblable à celle découverte sur le corps de la jeune femme ? S'était-il contaminé en se blessant hier pendant la dissection ? Faisait-il une réaction à un produit quelconque se trouvant dans la salle de travail ? Il était rentré directement chez lui la veille, après les cours.

Il avait mangé rapidement une soupe de légumes, un fruit, bu un café et s'était couché. Mis à part ce mystérieux cauchemar hyperréaliste, rien d'extraordinaire ne lui était arrivé pouvant expliquer cette blessure.

Il fallait impérativement qu'il puisse mettre un nom, une cause, à cette marque qui ressemblait à une brûlure.

Cette plaque était inflammatoire et particulièrement douloureuse. Il s'habilla promptement et, après l'avoir fait prévenir, s'en alla voir le professeur Poirier qui consultait ce jour-là à son cabinet, rue de l'École-de-Médecine.

Le professeur le reçut, mais ce dernier semblait soucieux.

« Comment allez-vous, Paul ? Comment se passent vos débuts d'études ?

— Bien professeur. J'ai commencé mes cours de dissection hier. Ma visite est d'ailleurs directement liée à cela. Puis-je vous montrer quelque chose, professeur ? »

M. Poirier acquiesça, Paul se déshabilla rapidement et exhiba son bras et son torse lourdement marqués.

Le professeur l'examina et déclara au bout de quelques secondes :

« C'est de l'urticaire, Paul, une réaction violente que vous devez sans doute à une plante ou à une substance à laquelle vous êtes sensible…

— Faut-il impérativement que cette chose ait été en contact direct avec la zone cutanée atteinte ?

— En toute logique, oui, Paul. La réaction est strictement locale, mais vous n'en trouverez peut-être jamais la cause. Parfois, le corps humain a ses mystères ! Je vais vous prescrire une préparation officinale à base de cortisone. Vous l'appliquerez deux fois par jour sur votre plaque urticarienne, et tout devrait rentrer dans l'ordre.

— Merci professeur. De votre côté, tout va bien ?

— Quelques soucis liés à des ragots de journalistes trop zélés et prêts à tout pour se faire une carrière ! Vous avez entendu parler du "scandale P" ?

— Je vous avouerai que non, professeur !

— J'ai eu dans mon laboratoire de recherches le privilège d'étudier le corps de ce sadique, ayant assassiné trois malheureuses femmes. Après avoir été condamné logiquement à mort et exécuté, on m'a confié sa dépouille. Le quotidien *la Lanterne* m'accuse maintenant d'avoir fait tanner et réaliser des portefeuilles avec la peau de ce criminel. J'aurais, d'après eux, offert deux de ces reliques à mon grand ami Maurice Rousseau, le chef de la Sûreté ! Tout cela peut sembler absurde, mais le ministère de l'Intérieur a été contraint d'ouvrir une enquête. Je pense partir plusieurs jours à Monaco. Je suis officiellement invité par mon grand ami, le prince Charles III, pour une conférence dont le thème tourne autour de l'homme et l'océanographie. De nombreuses réceptions seront organisées et l'on y rencontrera du beau monde ! »

J'ai vu à cet instant les yeux du professeur briller plus qu'à l'habitude… en parlant de « beau monde », M. Poirier faisait sans doute référence aux plus belles femmes de la principauté qu'il côtoierait sans aucun doute ! Ce diable d'homme avait décidément un talent de séducteur que je ne possédais nullement ! Je le quittais promptement, me rendis chez le pharmacien du quartier remettre l'ordonnance du professeur, et allais directement à la faculté pour revoir de près le corps de la jeune fille.

Je voulais vérifier tout d'abord la forme de sa plaque d'urticaire.

La chose me paraissait délirante, mais il semblait que ma trace était l'exacte reproduction de celle de la jeune fille.

Il fallait également que j'observe en détail l'ensemble de ce corps à la recherche d'indices, que la gendarmerie et le médecin auraient pu laisser échapper.

Subissant sans doute le contrecoup émotif de notre première journée de dissection de la veille, mes camarades avaient décidé de s'abstenir de toute « découpe » ce jour. J'allai voir le préposé, toujours aussi étrange et inquiétant, lui demandai de m'ouvrir notre salle, et tous deux, rejoignîmes sans un mot, l'endroit.

À quelques mètres de l'entrée, nous aperçûmes des débris de verre et de bois éparpillés sur le sol. La porte avait été fracturée pendant la nuit ! Nous entrâmes…

Que pouvait-on voler dans une salle de dissection ? Des outils chirurgicaux, des produits de conservation, des organes humains ? N'y tenant plus, je me dirigeai directement vers ma table pendant que mon étrange accompagnateur comptabilisait le matériel et les diverses substances susceptibles d'intéresser les voleurs.

J'entendais de loin le préposé grogner qu'il ne manquait rien, que tout était incompréhensif. Je souris machinalement en entendant cet étrange bonhomme se plaindre.

Brutalement, je m'arrêtai net, hébété, interloqué par ce que je vis… non… je ne pouvais y croire !

Ma table de dissection était vide… plus de corps, plus de traces, plus de jeune fille !

Le doyen ayant porté plainte au nom de la faculté pour vol de cadavres, je dus me rendre quelques heures plus tard au commissariat du quartier pour un procès-verbal d'audition. J'y retrouvais Pierre, qui, tout comme moi, avait vu son « corps » s'envoler ! Toute cette affaire me paraissait de plus en plus étrange et j'étais dorénavant convaincu que la jeune fille avait été assassinée.

Restait à déterminer le comment, et surtout le pourquoi !

Il n'y avait aucune trace de violence visible sur le corps, rien, absolument rien, à part cette plaque d'urticaire. On ne pouvait tout de même pas mourir d'une petite réaction locale ?

Le cadavre de l'homme disparu avait-il un lien avec mon affaire ?

Avait-il été, lui aussi, trucidé ?

Pierre n'avait rien remarqué d'étrange sur le début de son étude.

Aucune marque suspecte, mise à part une vilaine cicatrice sur le bord inférieur de la joue gauche et des traces anciennes de brûlures sur un bras et une main. Si les cadavres avaient été enlevés, c'est qu'ils représentaient un danger pour les personnes responsables de ces crimes.

Plus de corps, plus de preuves… Impossible désormais de remonter la filière criminelle, de connaître les raisons de ces meurtres, de savoir qui était cette jeune femme et cet homme, demeurant sans noms ni même, de visages ! Elle me manquait… aussi farfelu et abracadabrantesque que cela puisse paraître, elle me manquait.

Je n'avais vu cette splendide jeune femme que morte, n'avais jamais eu d'échanges avec elle, n'avais même jamais pu croiser son (peut-être !) doux regard, entendre sa (probable !) charmante voix… et j'avais pourtant l'étrange impression d'être lié à cette personne, d'avoir quelques raisons d'être proche d'elle.

À y réfléchir de plus près, nous avions quand même « échangé » quelque chose… Oui, nous avions échangé, mélangé, fusionné nos fluides humains. Non pas les plus doux, les plus érotiquement sensuels, non. Malheureusement, juste de la matière cérébelleuse et sanguine !

Nous n'étions pas, nous, comme beaucoup de jeunes amis le font, juste des « frères ou sœurs de sang », non. J'avais désormais en moi une part d'elle et pas n'importe laquelle, une infime partie de son cerveau, de minuscules quantités de ses souvenirs, de sa vie ! Et si seulement ses cellules pouvaient communiquer avec les miennes, me raconter ses joies, ses peines, et qui sait, ses derniers instants… me dévoiler les commanditaires de son assassinat ! Il fallait me calmer, me reposer pour recouvrer mes esprits. Je décidai pourtant, avant de rentrer, de repasser voir mon ami le préposer.

Toujours fidèle à son poste et égal à lui-même, je lui demandais comme une faveur, s'il pouvait me permettre d'examiner les vêtements de la belle inconnue.

Fort heureusement, tous les biens trouvés sur les corps confiés à la science étaient soigneusement gardés dans une armoire blindée, placée dans le bureau du gardien de la faculté.

Après une courte négociation en lui promettant quelques paquets de tabac et une bonne bouteille de vieux whisky, ce dernier me laissa seul devant un sac rempli de sous-vêtements. La pauvre enfant avait été retrouvée, aussi étrange et incongru que cela puisse paraître, à moitié nue sur le parvis de l'église Saint-Sulpice. Je sortais délicatement ses affaires, mal à l'aise de pénétrer ainsi dans son intimité...

Les vêtements n'étaient pas ceux que j'attendais.

Au lieu de linges fins et précieux, je découvrais des tissus éculés et sales.

Ma première impression n'était donc pas confirmée, cette jeune femme d'apparence si noble n'était peut-être qu'une misérable créature issue des bas quartiers.

Nous ne pouvions donc écarter les crimes crapuleux et frauduleux si fréquents dans les endroits malfamés de la capitale, où l'on assassine parfois pour rien.

Que personne ne soit venu réclamer ce corps, qu'aucune plainte pour disparition suspecte, criminelle ou volontaire, n'ait été enregistrée auprès des services de la police ou de la gendarmerie, n'avait rien d'extraordinaire, ces pauvres gens cumulaient souvent misère et solitude...

Après avoir scrupuleusement observé chaque centimètre carré de sa pauvre nuisette, noire de crasse, mon regard fut attiré par une trace blanchâtre de petite surface, située dans une zone qui devait correspondre à l'omoplate gauche.

Machinalement, j'humectai mon index, le frottait sur cette marque légèrement sableuse, et portait le tout à mes lèvres.

Méthode scientifiquement contestable, certes !

Mais., mais... c'était du sel, du sel de mer sans aucun doute !

Le Granvillais que j'étais ne pouvait manquer de reconnaître le goût de l'océan. Après cette seconde de pure joie liée à ma fabuleuse découverte d'enquêteur naissant, la terrible question sans réponse se présentait dans son ensemble : comment une jeune fille, même issue d'un pauvre milieu, peut-elle être retrouvée sans vie, sans aucune trace de violence, en petite tenue, sur les marches de la maison de Dieu, en plein Paris... et avec de l'eau de mer sur son déshabillé ? Je rentrai à mon appartement dépité, bien décidé à me reposer et à demander par la suite, l'aide de personnes de confiance pour mener à bien cette mystérieuse affaire.

Je fus accueilli, comme tous les jours, par l'amour quasi maternel de Juliette et par la bienveillance (que seul pourrait m'apporter un père) de Louis.

Je continuais à me féliciter d'avoir proposé à ces deux merveilleuses personnes de m'accompagner et de partager mon aventure.

Ils avaient l'air heureux, donnant l'impression de se reconstruire jour après jour. Je savais pertinemment que tout ceci n'était qu'illusion et que l'on ne pouvait se soigner de la disparition d'un fils, mais ils me donnaient l'agréable sensation d'être utile et indispensable à leur nouvelle existence.

La perte d'un enfant… quelle horrible chose que l'on ne peut et que l'on ne sait nommer ! On devient orphelin quand on perd ses parents… On devient veuve ou veuf en perdant son conjoint… Que devient-on en perdant son enfant ? La langue française reste muette face à une telle tragédie.

Je me couchai donc après avoir embrassé chaleureusement « mes parents ». Je fus de nouveau réveillé en sursaut, trempé de sueur, à bout de souffle, je venais de revivre un second épisode de ce que j'appellerai désormais « ma vie parallèle ». Des images flash avaient éclairé ma nuit !

J'avais tout d'abord vu un château, bel ouvrage, mais assez banal pour ne pas être identifié, une cathédrale que je connaissais, mais dont je n'arrivais pas à retrouver la localisation, puis un homme, jeune, de la belle noblesse française à n'en pas douter, brun, le teint hâlé, porteur d'une petite cicatrice sur le bord de la joue gauche.

Les images étaient claires, bien définies, rien de commun avec les clichés sans visage et brumeux des rêves ordinaires. En m'habillant ce matin-là, je remarquai que ma plaque d'eczéma, si douloureuse, si volumineuse, avait mystérieusement disparu pendant la nuit, et ce, sans traitement, ayant totalement omis d'aller récupérer ma préparation chez le pharmacien.

C'était comme si le fait d'avoir « reçu » une nouvelle information de la belle inconnue chassait et effaçait la précédente.

Cette miraculeuse guérison ne faisait que renforcer mon hypothèse ! Je commençais à croire, en effet, que la jeune fille mystérieuse essayait de rentrer en communication avec moi, me donnant des informations sur sa vie passée, tentant d'orienter mes recherches en me montrant des personnages et des lieux clés. Pour prouver cette théorie quelque peu loufoque, il fallait que je puisse remonter la piste du jeune noble.

Était-ce l'assassin ? Le mari ? L'amant ? Le frère ? Je décidai de commencer par cette piste, restant persuadé que mon instinct ne pouvait me tromper, car directement contrôlé et dicté par ma nouvelle amie de « l'au-delà » ! Il me fallait donc trouver une personne connaissant le Tout-Paris, les têtes couronnées, la noblesse et la haute bourgeoisie française, quelqu'un qui puisse m'informer sur les petites et grandes histoires de ces gens. La réponse gicla comme une évidence : le professeur Poirier ! Je décidai derechef de foncer à son cabinet.

Je sonnai, son employé vint m'ouvrir :

« Monsieur désire ?

— Le professeur peut-il me recevoir de toute urgence ? Je suis un de ses amis de Granville et qui plus est, étudiant en médecine !

— Je suis navré, monsieur, mais M. le professeur vient de quitter Paris pour Monaco où il est attendu pour discourir. »

J'avais totalement oublié ce satané congrès et les fameuses raisons qui avaient poussé le professeur à quitter la France pour quelques jours.

Désabusé et déçu par ce fâcheux contretemps, je poursuivis mon chemin jusqu'à la faculté où je décidai de mettre au courant mes deux compères Pierre et Aristide.

Ces deux derniers s'étaient remis avec peine, comme bon nombre de nos camarades, de la première séance de dissection.

Depuis quarante-huit heures, personne n'avait pu remettre les pieds dans cette salle, déjà si lourde d'événements.

Aristide n'avait nullement entendu parler du vol de nos cadavres, la faculté désirant apparemment garder la chose discrète.

Mon hypothèse de « vie parallèle » les amusa beaucoup au début, les interpella puis les passionna tout à fait, au point qu'ils me supplièrent de devenir mes acolytes, mes associés, tels deux inspecteurs rêvant d'encadrer leur commissaire !

Je leur annonçai avec regret que notre enquête naissante serait au point mort pendant quelques jours, le temps que le professeur Poirier rentre de son congrès monégasque. À l'annonce de cette information, Aristide m'interrompit en m'annonçant que son père, chercheur, faisait des expériences depuis quelques mois sur des réactions urticariennes liées aux physalies, espèce de méduses vivant en Méditerranée.

Il devait justement présenter ses travaux à ce fameux événement, et serait certainement très heureux de nous inviter.

Après avoir reçu l'aval de M. le doyen, toujours honoré de pouvoir figurer dans les bonnes grâces du célèbre docteur Richet et du non moins célèbre professeur Poirier, nous prîmes le chemin de fer pour rejoindre le sud de la France. Ayant effectué de multiples changements, être passé par Troyes, Dijon, Lyon, Grenoble et Nice, être resté des heures assis dans ces voitures au confort souvent minimaliste, nous arrivâmes enfin dans la célèbre principauté. Accueillis par le très éminent Charles Richet, ravi de revoir son fils, nous le quittâmes une heure plus tard, lui promettant d'assister à l'exposé de ses recherches le lendemain. Nous nous installâmes à *l'Excelsior*, hôtel bon marché, proche de la mer et du casino, où la clientèle était à la hauteur de l'établissement : médiocre ! Nous trouvâmes quand même parmi ces gens, quelques jeunes filles très intéressantes (d'un point de vue physique, j'entends !), avec lesquelles nous passâmes une agréable soirée. Je me sentais de plus en plus à mon aise avec la gent féminine.

J'avais l'impression de mieux comprendre les femmes, de mieux cerner leurs envies, leurs désirs, de trouver les mots justes pour les séduire, les émouvoir, les faire rire. Était-ce dû au fait que je fréquentais et appréciais les séducteurs qu'étaient Pierre et Aristide ?

Était-ce encore un phénomène lié à mes échanges cellulaires avec la jeune fille ? Je ne saurais vous répondre.

Toujours est-il que mon changement de comportement envers les femmes était visible et remarqué de tous ! Le soir de notre arrivée, nous décidâmes, avec mes deux amis, d'inviter trois jeunes femmes séjournant également à l'hôtel, à partager notre bouteille de champagne.

Lise, Rose et Caroline venaient de Nice.

Décidées à venir rencontrer les sommités du monde scientifique et qui sait, peut-être, y rencontrer leurs futurs maris, ces jeunes personnes n'étaient vraiment pas ce que l'on pouvait appeler communément, des « femmes farouches ».

Malgré la présence imposante de mes deux amis, toujours « au top » de leur forme, j'arrivai quand même à me faire apprécier par mon sens de l'humour, relativement récent, et quelque peu potache !

À Rose qui, très intéressée par l'astrologie, clamait haut et fort à qui voulait bien l'entendre qu'elle était Vierge, je rétorquai d'un ton qui se voulait le plus sérieux possible : « Chère amie, je puis vous assurer que de ma place, ça ne se voit pas ! ». Après que cette blague « paillarde » ait déclenché l'hilarité générale, et notre travail de charme opérant, nous finîmes chacun, notre soirée en la plus charmante compagnie !

Après une nuit particulièrement plaisante, que la décence m'empêche de vous détailler, nous nous dirigeâmes en fin d'après-midi vers le Musée océanographique où nous devions écouter le père d'Aristide annoncer les premiers résultats de ses recherches, et retrouver le professeur Poirier.

Arrivés devant ce splendide monument où bon nombre d'invités conversaient sous le soleil monégasque, nous aperçûmes de suite l'élégant médecin encerclé de charmantes dames. Le coq était de sortie… les poules devaient rester prudentes !

 « Ah ! mes amis ! s'écria le professeur en accourant vers nous, laissant bouche bée ses admiratrices. Mes amis, vous arrivez à point et me sortez d'une situation délicate, ces demoiselles sont particulièrement collantes, pas forcément toutes à mon goût, et quelques-unes d'entre elles sont même mariées. Quand on possède une chaire universitaire à la faculté de médecine de Paris, il faut savoir se tenir ! Qu'est-ce qui vous amène à Monaco mes amis ?

— Nous venions justement vous voir pour connaître votre avis sur une rocambolesque histoire, professeur… »

Je racontais en détail à M. Poirier mon aventure, mes rêves plus que réalistes, mes hypothèses criminelles, ainsi que ma théorie farfelue de la mémoire cellulaire.

Le professeur me déclara alors avoir lu certains écrits à ce propos, émis par des pseudo-scientifiques.

Ces derniers défendaient l'idée que notre corps, via ses cellules, garderait en mémoire des événements, heureux ou malheureux, vécus par nos parents et ancêtres.

On pouvait ainsi expliquer les phénomènes de « déjà vu », ressentis parfois en rencontrant certaines personnes, dans des lieux jamais fréquentés et semblant déjà être connus. Le professeur, en tant que scientifique émérite, ne pouvait cautionner ces écrits, mais il avoua que mon expérience l'interpellait et qu'il serait particulièrement enchanté et intéressé pour me suivre dans mon enquête. Je lui indiquai derechef que ce serait un privilège et un honneur, qu'il pouvait, de par ses connaissances, nous aider à avancer dans nos recherches.

Je lui décrivais alors verbalement les détails du visage aristocratique du jeune homme vu dans mon dernier rêve.

« Je crois reconnaître cet homme !

— Qui est-ce, professeur ? Répondez, je vous en conjure, c'est peut-être notre assassin et chaque minute compte pour résoudre cette affaire et le faire arrêter !

— Calmez-vous, Paul ! Si cet homme est bien celui auquel je pense, vous ne pourrez en aucun cas l'arrêter !

— Je me moque de ses relations, aussi haut placées soient-elles ! J'arriverai à prouver qu'il est le coupable de cet ignominieux assassinat et le ferai arrêter puis guillotiner !

— Il faudra alors vous arranger avec Dieu, Paul… le Tout-Puissant a malheureusement déjà rappelé à lui cet homme… il y a de ça quelques semaines ! »

Antoine de Lescures… il s'appelait Antoine de Lescures.

Le professeur Poirier, grâce à ses nombreuses relations, fit retrouver les journaux où l'on parlait du comte Antoine de Lescures.

On avait en effet retrouvé son corps méconnaissable sur une berge de la Seine, il y avait environ un mois.

On n'avait pu l'identifier grâce à sa chevalière, son alliance et ses vêtements.

Tout pensait à croire qu'il s'était suicidé suite à des problèmes de dysfonctionnement, rencontrés dans l'entreprise d'armement qu'il codirigeait.

Une photographie du comte me permit de l'identifier immédiatement.

C'était bien lui… mais quelle place avait-il dans notre affaire ?

Ce ne pouvait être l'assassin de la jeune fille, car il était mort avant elle !

Sa mort avait-elle un lien avec cette dernière ?

S'était-il bien suicidé ?

L'avait-on « aidé » ? Je trouvai un article sur les journaux concernant les obsèques du comte de Lescures. Tout le gratin du monde public et politique était présent, même un ministre assistait à la cérémonie.

L'homme devait compter, et peut-être gêner. Une photographie montrait les personnes présentes.

On y devinait entre autres, sa veuve, la comtesse Margot de Lescures... son visage était en effet masqué par un voile opaque noir !

Je m'empressai de demander au professeur s'il connaissait la comtesse : « Oui, j'ai eu l'occasion de rencontrer une fois Mme la comtesse, à son domicile parisien, rue Bonaparte, où elle et son mari possédaient un appartement. J'avais été appelé en urgence par un très bon ami, me demandant d'intervenir personnellement pour soigner M. le comte de Lescures, accidentellement blessé au visage. À mon arrivée, on me fit entrer dans la salle à manger où régnait un désordre indescriptible. Tout un vaisselier était au sol. Le comte était assis, prostré dans un coin de la pièce, tenant un chiffon, appuyé sur le bas de sa joue gauche. Je m'informai des circonstances de l'incident et il m'avoua avoir stupidement voulu monter sur une chaise afin de saisir une pièce du service située en haut de l'armoire quand, suite à un mauvais appui, le tout avait basculé, le projetant au sol, la vaisselle le blessant au visage. Je regardai la plaie. Elle mesurait quatre bons centimètres, était relativement profonde, et certainement induite par un bris d'assiette. Je fis de mon mieux pour suturer la joue du comte en lui signifiant qu'il garderait à vie la marque de son imprudence. Il me remercia chaleureusement et je croisai alors en sortant Mme la comtesse de Lescures. Malgré sa pâleur, liée sans doute aux événements, je remarquai tout de suite son extraordinaire beauté, et plus particulièrement ses yeux foncés de forme allongée, son petit nez légèrement retroussé. L'ambiance entre les deux époux m'avait paru glaciale, ce qui me fit penser que la blessure de monsieur avait peut-être été intentionnellement provoquée par madame, lors d'une dispute où la vaisselle avait "volé" (comme dans de nombreuses scènes de ménage, il est vrai !). J'oubliai vite cette théorie loufoque, saluai les deux époux et quittai l'appartement. Je n'avais, par la suite, plus jamais entendu parler des de Lescures jusqu'à cet article mentionnant le décès d'Antoine. Mais il me revient à la mémoire un fait troublant qui n'a pourtant rien à voir avec l'histoire qui nous occupe actuellement. Je suis allé dîner, il y a quelque temps, chez mon grand ami, le professeur Faraber. Ce grand rabelaisien venait d'engager une magnifique jeune fille pour assurer l'intendance de son domicile. En la voyant, j'ai cru voir la propre sœur de Margot de Lescures, mais sans pour autant y retrouver cette "classe" aristocratique, cette noble beauté et… ce magnifique petit nez retroussé ! J'ai ouï dire que Mme la comtesse serait présente au dîner de gala ce soir. Elle fait en effet partie des généreuses donatrices qui permettent au Musée océanographique de vivre. »

Nous écoutions depuis quelques minutes le docteur Richet discourir sur ses recherches. Il travaillait avec son collègue, le docteur Portier, sur un phénomène urticarien touchant les pêcheurs et provoqué par des méduses, les physalies.

Le but de leurs travaux était de trouver un vaccin permettant de prévenir cette réaction cutanée si fréquente en Méditerranée.

Testant leur médicament réalisé à partir d'extraits sur un chien, ils constatèrent que la première injection du produit avait été bien supportée par l'animal.

La seconde sembla se dérouler de même, mais au bout de quelques jours, le chien mourut. Les deux chercheurs en déduisirent que l'animal n'avait pas été protégé par la première injection, mais, au contraire, « sensibilisé ».

Fragilisé par ce phénomène, la seconde introduction d'une dose pourtant identique de l'extrait avait déclenché une réaction beaucoup plus violente et provoqué la mort de l'animal. Les deux hommes décidèrent d'appeler ce phénomène « anaphylaxie ». Ce terme vient du grec *ana*, signifiant « contraire » et *phulaxis*, « protection ». Les docteurs Richet et Portier travaillaient maintenant sur les raisons physiologiques de cette réaction. À la fin de cette présentation, la foule des scientifiques se leva et applaudit à tout va pendant plusieurs minutes les deux chercheurs, tous conscients d'assister là à une phase importante de l'histoire de la médecine.

Le professeur Poirier, mes deux amis et moi-même allâmes saluer et féliciter le docteur Richet.

J'en profitai pour l'interroger à propos des traces suspectes relevées sur la jeune fille.

D'après la forme de la réaction urticarienne, il pensa immédiatement à un contact avec une méduse.

Le fait que cette femme soit décédée le laissait cependant perplexe ! Il aurait fallu lui injecter des extraits puissants, laissant forcément des traces visibles de piqûres, et absence de contact avec l'animal, donc pas de réaction locale, et d'ailleurs, qui aurait pu penser assassiner quelqu'un avec un stratagème aussi compliqué, et aussi peu sûr en terme d'efficacité ?

Bien des poisons plus courants, plus accessibles et plus simples d'utilisation étaient malheureusement disponibles sur le marché ! Non, décidément, il fallait orienter ailleurs nos recherches. Une pauvre méduse ne pouvait décemment pas être accusée de ce meurtre, si meurtre il y avait !

Après ce nouvel échec dans la recherche sur la mort de « mon amie », je mesurais pleinement les difficultés auxquelles je m'attaquais.

La tâche était décidément ardue : plus de corps, aucune preuve… j'avais décidément plus de chance de trouver une toute petite aiguille dans une énorme meule de foin !

Désirant oublier pendant quelques heures l'énorme problématique qui se dressait devant nous, nous nous dirigeâmes vers la salle de réception où le dîner de gala serait servi.

Il était à présent vingt et une heures et nos estomacs commençaient à crier famine alors qu'on annonçait les invités…

Le tapis rouge était déroulé pour cette grande cérémonie.

La famille princière était au complet.

Une partie de la noblesse française et européenne avait également fait le déplacement.

Cette soirée faisait partie des événements auxquels on se devait d'être présent, vu et remarqué.

Pour nous trois, c'était une occasion de nous amuser, de tester notre pouvoir de charme auprès de la gent féminine.

Certes, nous ne possédions aucun titre de noblesse ni de fonction prestigieuse, mais qu'importe… nous comptions profiter pleinement de cette soirée ! Les noms des invités continuaient à s'égrener, annoncés haut et fort par le responsable du protocole :

« M. le marquis et Mme la marquise Di Gondolfo, M. et Mme le ministre Gicquel, Mme la comtesse de Lescures… »

Je m'arrêtai net et tournai immédiatement mon regard vers le hall d'entrée… Elle était là ! C'était impossible… incompréhensible !

J'étais en plein cauchemar !

Je vivais dans un monde irréel !

Je devais me réveiller ! Elle était là… bien vivante, splendide, magnifique, souriante malgré son récent veuvage. Je l'aurais reconnue n'importe où, ses yeux hors du commun, son nez attendrissant… Mais comment était-ce possible ?

La dernière fois que j'avais vu cette jeune femme, elle était morte, froide, allongée sur une table de dissection de la faculté de médecine de Paris, l'enveloppe cutanée de sa tête rabaissée sur ses yeux clos, le crâne ouvert en deux, sa matière grise cérébrale coulant sur mes doigts...

Impossible !

Je ne croyais nullement en la résurrection... alors quoi ? Je la suivais béatement du regard, elle se dirigeait à présent vers une table, accompagnée par un serviteur gloussant de plaisir à l'idée d'être aux côtés d'une aussi belle femme !

Elle s'assit...

Je remarquai au passage le numéro de sa table : la onze... Bien sûr... ce ne pouvait être que la table numéro onze !

Chapitre VI

Anatole Carlier — Mi-septembre 1882

Dès sa naissance, la vie avait été rude pour Anatole Carlier.

Son père, sabotier, sa mère, lessiveuse, n'avaient pas le sou.

Né dans un petit village sarthois à quelques kilomètres du Mans, en plein milieu de l'hiver 1828, connu pour l'un des plus rudes du XIXe siècle, le petit Anatole eut une première semaine de vie laborieuse.

La sage-femme appelée en pleine nuit fit prévenir le médecin que l'accouchement de Mme Carlier serait particulièrement difficile. Ce dernier, franchissant à grand-peine les six kilomètres vallonnés qui séparaient le village du hameau familial (pour cause d'enneigement important), arriva de justesse pour libérer la jeune mère.

Le bébé se présentait en siège.

Après de multiples tentatives de retournement, l'enfant n'étant pas décidé à coopérer, le médecin se résolut à sortir le nouveau-né par les pieds. Après une bonne demi-heure de travail, la pauvre femme n'en pouvait plus ! Hurlant, criant, suppliant et affirmant que l'on ne l'y reprendrait plus, elle s'agrippait à son mari, rêvant de l'estourbir, pour lui faire payer chèrement ce dont elle le tenait pour unique responsable. L'enfant, décidément bien décidé à ce que toutes les personnes présentes se souviennent de son arrivée au monde, avait choisi d'enrouler le cordon ombilical autour de son cou ! Bleu d'asphyxie, la maman rouge de rage et de douleur, le médecin et la sage-femme pâles d'angoisse, bref, tout ce beau monde était fortement coloré ! Après un massage vigoureux et quelques bonnes fessées tête en bas, suspendu dans le vide par les pieds, tel un petit porcelet fixé à son crochet de boucherie, Anatole finit par pousser son premier cri. Ne mangeant pas à sa faim pendant les treize premières années de sa vie, atteint de tuberculose pulmonaire, bousculé par un cheval dépressif (ne supportant pas les enfants !) qui lui brisa net la rotule droite, le jeune adolescent était chétif, fragile et boitait en ondulant de bâbord à tribord, donnant ainsi le mal de mer aux marins les plus chevronnés qui le regardaient marcher.

Physique ingrat donc, mais intelligence remarquable ! L'enfant était doué, à n'en point douter, doué pour les chiffres, pour les affaires. Il était en plus doté d'un pouvoir de conviction hors-norme et aurait pu faire acheter des sabots à son propre père !

L'instituteur du village, conscient des qualités remarquables de cet enfant, décida les parents d'Anatole à le confier, en tant qu'apprenti comptable, au responsable de la banque du village, M. Arnoux. Bien mal en a pris à ce pauvre homme… trois ans plus tard, Anatole Carlier était le nouveau responsable de l'établissement et lui, remercié et ruiné ! La progression sociale du jeune garçon fut fulgurante.

Vite remarqué en haut lieu, il fut nommé respectivement directeur de l'établissement manceau, responsable départemental puis régional.

Il fut nommé, en 1857, à la direction nationale de la banque Jacquet et associés, dont le siège était à Paris. Ambitieux, ne se satisfaisant plus d'une place autre que celle de président-directeur général, Anatole était prêt à tout pour atteindre son but.

Il commença alors à fréquenter des individus louches, peu recommandables, mais toujours disponibles pour quelques billets ou promesses.

Il comprit et admit rapidement que toute stratégie était bonne et acceptable pourvu que résultat il y eut !

Anatole Carlier fut nommé président-directeur général de la fameuse banque parisienne quelques mois plus tard, en octobre 1880, suite à l'assassinat, par des cambrioleurs trop zélés et toujours en cavale d'ailleurs, de son ancien patron.

Le nouveau président, bien qu'encore très jeune, dirigeait l'entreprise (et ses collaborateurs !) d'une main de fer.

Il laissait volontiers le gant de velours pour les mous, les mielleux, les timides et tous ces autres pseudo-intellectuels d'affaires qui pensaient que tout se réglait avec des sourires, des poignées de mains et des sacs entiers d'honnêteté.

Parmi les « gros » contrats qu'il fut amené à négocier, certains responsables adverses disparurent mystérieusement, d'autres furent assassinés par des voyous, d'autres encore se suicidèrent…

Personne ne devait résister à Anatole Carlier, et personne ne résistait ! La police et certains réseaux d'État, toujours à l'écoute des ragots, et sans cesse méfiants et suspicieux face aux fortunes trop rapidement acquises, menèrent l'enquête pour confondre l'homme d'affaires trop chanceux… rien n'y fît… aucun début de preuve ne fut trouvé pour confondre M. Carlier… L'homme était blanc comme neige, propre comme un sou neuf… et inversement ! Les succès et l'argent s'accumulant, le narcissisme d'Anatole grandissait aussi rapidement que sa morale s'effondrait.

Il décida un beau jour de débaptiser la banque qui l'avait formé, et de lui faire don, en toute simplicité, de son modeste nom. La banque Jacquet et associés devint donc la banque Carlier et associés. Quand il entendit murmurer par ses discrets agents, qu'un jeune patron recherchait de toute urgence des fonds et un soutien logistique pour son entreprise d'armement, les yeux d'Anatole virent des francs-or, des masses de francs-or ! La situation politique de la France était en effet tendue en ce début d'année 1881.

La lente tentative de prise de contrôle de la Chine par les puissances européennes avait débuté, et là le gouvernement français, soucieux de défendre et de développer ses intérêts coloniaux, désirait acquérir des positions fortes dans le sud du pays. La guerre était synonyme de fortune pour Carlier et rien ni personne ne pourrait l'empêcher de se saisir de ce pactole !

Quand il rencontra le comte Antoine de Lescures en ce tout début d'année, il le classa tout de suite dans la catégorie des beaux parleurs au physique avantageux.

Anatole avait une sainte horreur de ce type d'homme à qui la vie avait tout donné, contrairement à lui. Son physique l'avait toujours desservi : les jeunes enfants le battaient, les adolescents le charriaient, les adultes l'ignoraient, mais, maintenant, ses « amis », ses concurrents, le craignaient… au plus haut point. Sa réputation d'homme dangereux faisait frémir le monde des affaires… et on le respectait… non pas par dévotion, par admiration, non… parce que cet homme faisait peur ! La négociation d'association avec le comte avait été simple et rapide.

On se mit d'accord sur les termes de quarante pour cent des parts pour Carlier et ses associés, tandis que de Lescures conserverait les soixante pour cent restants.

Il fallait laisser croire au jeune dirigeant qu'il demeurerait le numéro un, que toutes les décisions passeraient par lui, qu'il garderait les rênes de son entreprise familiale. Anatole Carlier rencontra la comtesse de Lescures à la signature de l'accord d'association, son mari insistant pour qu'elle soit partie prenante dans son affaire.

Le banquier et ses associés n'étaient pas contre ce choix et se disaient que la belle Margot, au physique avantageux et aux belles manières, pouvait être une pièce maîtresse dans les négociations difficiles qui s'annonçaient avec le gouvernement français.

Ces hommes d'affaires étaient de vrais requins, naviguant toujours en eaux troubles, prêts à écarter, de quelque façon que ce fût, les individus venant se dresser devant eux et mettre à mal leurs futurs contrats.

Les associés de Carlier étaient au nombre de trois :

Adriano Vernucchi avait tout du mafioso type. Il était né et avait vécu toute sa jeunesse en Sicile. Après de brillantes années passées à faire ses armes dans la « protection » payante des commerçants des environs de Marsala, dans le sud-ouest de l'île, il gravit les échelons hiérarchiques de son organisation. Une aventure malheureuse avec la femme du « parrain » local l'avait contraint à quitter précipitamment et définitivement son beau pays.

Arrivé en France, après avoir quelque peu modifié son apparence physique et transformé son nom en « Alain Verneuil », il avait rapidement rencontré un jeune banquier aux dents longues. Moyennant la « disparition accidentelle » du patron de ce dernier, un certain Pierre Jacquet, le jeune garçon lui offrait une place d'associé dans son futur royaume. Son dicton préféré ? « Quand le puissant Adriano Vernucchi décide, l'individu lambda cède, ou décède. » À bon entendeur…

Francis Carmet avait une quarantaine d'années quand son ami sicilien, Adriano, lui avait parlé d'une petite affaire qui pourrait rapidement devenir juteuse.

Un gamin, ayant un poste important dans une grande banque française, très ambitieux, et se prenant pour un caïd, avait eu l'idée de « refroidir » son patron et prendre sa place… concept de la progression sociale originale… et fortement efficace ! Quand ce dernier aurait la banque sous contrôle, plutôt que verser une unique somme importante, il proposerait un poste d'associés, un beau salaire, un titre prestigieux, les laissant ainsi passer pour des gens honnêtes et fréquentables !

Comment refuser un tel contrat quand on avait toujours vécu de petits larcins, de magouilles sans prestige, de petits détournements de fonds et après avoir été logé à la charge des contribuables, derrière de beaux barreaux en acier, durant une dizaine d'années, pour une tentative d'assassinat sur un évêque trop libertin à son goût ! Carmet eut beau évoquer auprès du tribunal correctionnel que ce dernier profitait de son bel habit pour détourner les fonds de son évêché, passant du bon temps entouré de femmes toutes plus vulgaires les unes que les autres, rien n'y fit ; il finira au cachot et l'ex-évêque à San Bertelino, minuscule couvent perché sur les hauteurs d'une petite île de la Méditerranée, où le pape Léon XIII l'envoya passer des vacances afin de réfléchir et se repentir de ses méfaits…

Son dicton préféré ? « Quand les évêques jouent et couchent, les juges voient flou et bottent en touche ! » Les hommes d'Église resteront des hommes d'Église, et les voyous des prisonniers en puissance, se disait Francis Carmet. Son choix était fait : il serait un « honnête » homme d'affaires !

Wilfried Colward était arrivé en France il y avait à peine quelques mois.

Venu de son Australie natale après avoir navigué sur la moitié du globe à bord d'un grand voilier, cet homme avait une curieuse passion.

Il étudiait et adorait depuis une dizaine d'années les méduses, et pas n'importe lesquelles… *Chironex fleckeri* ! Cette espèce, présente sur la côte nord australienne, est la méduse la plus venimeuse qui soit !

Une bonne cinquantaine de personnes ont déjà payé de leur vie la douloureuse rencontre avec ses soixante tentacules, longues d'environ quatre mètres. Les piqûres de cette espèce sont extrêmement douloureuses et tuent en quelques minutes un être humain. Wilfried Colward voulait exposer au reste du monde le fruit de ses recherches, et avait décidé de gagner l'Europe avec ses travaux, et quelques-uns de ces étranges animaux.

Il avait pour ça, investi le reste de ses modestes économies dans ce long voyage, et la fabrication de grosses cuves en verre épais.

Il escomptait être publié, réaliser des conférences et, qui sait, se faire embaucher dans un prestigieux musée océanographique où il pourrait poursuivre à loisir, ses travaux. Après de multiples tentatives, quasi ruiné par ses rêves toujours inassouvis, il termina son chemin de croix par le musée océanographique de Monaco où il savait que deux chercheurs travaillaient sur un potentiel vaccin « anti-méduses ».

Cet ultime refus le mit dans une colère noire et il en vint à penser au meurtre, mais le courage lui manquait indiscutablement. Logé et nourri par une vague relation australienne sur les bords de la Seine, près de Paris, dans un espace sans confort, mais suffisamment grand pour abriter ses cuboméduses, il rencontra par hasard, un soir dans un café, un individu au fort accent italien, qui entendit sa conversation avec le patron de l'établissement.

Comprenant que Wilfried possédait des animaux quasi inconnus en France, capables de tuer un individu en quelques minutes et ce, de la manière la « plus naturelle » qui fut, une affaire qui pouvait le rendre riche devait lui être rapidement exposée !

Moyennant la mise à disposition de ses *Chironex fleckeri*, et fermant les yeux sur certains méfaits, on lui proposait de rentrer dans le milieu des affaires, ce qui lui assurerait une rente quasiment à vie, lui permettant de poursuivre ses recherches et repartir quand bon lui semblerait vers l'Australie.

Cette affaire paraissait sombre, tout à fait illégale et il se doutait que quelques personnes gênantes iraient fricoter avec ses méduses… mais bon… lui ne tuerait personne… sa morale serait sauve et son compte en banque largement garni, alors ! Son dicton préféré ? « Quand à *Chironex fleckeri* on s'appuie, inévitablement, on trépasse et les vers on nourrit ! »

Peu de temps après avoir officialisé leur association, M. Carlier convainquit M. le comte de Lescures de réaliser un acte notarié spécifiant que si l'un des deux partenaires disparaissait de façon naturelle (toute mort suspecte suspendant ledit écrit !), les parts de l'entreprise reviendraient tout d'abord aux collaborateurs les plus proches (soit à MM. Verneuil, Carmet et Colward, ou à Mme la comtesse de Lescures) puis au dernier des survivants.

Anatole Carlier avait depuis bien longtemps remarqué que le comte était un homme faible, certainement intelligent et relativement doué en affaires, mais il ne possédait pas ce petit plus, cette agressivité, voire cette méchanceté, cette hargne, cette férocité qui le différenciaient de lui. Avec ses relations haut placées allant même jusqu'au sommet de l'État, M. Carlier eut, avant tous ses concurrents, la connaissance d'un appel d'offres d'un montant de cinq milliards de francs-or, concernant l'acquisition d'une importante quantité d'armes, destinées à alimenter les soldats se battant sur le front asiatique.

Connaissant, par informateurs interposés, M. Maurice Jarré, alors ministre de la Marine, et ses petits travers (il était toujours célibataire et certains le disaient même toujours puceau malgré son âge avancé et son vif intérêt pour les femmes !), l'idée lui vint de conseiller à M. Antoine de Lescures de faire participer « activement » Mme la comtesse, aux discussions futures concernant ce fameux appel d'offres. Carlier fut à peine surpris de constater que le comte n'avait rien compris à ses sous-entendus concernant le rôle prépondérant de la comtesse : si coucher il eut fallu, coucher elle aurait dû !

Le ministre repartait bouleversé par la beauté de madame, mais décontenancé par sa froideur à son égard.

Anatole avait de nouveau essayé de faire comprendre à Antoine l'énorme importance que revêtait ce contrat, et que l'homme d'affaires naissant qu'il était, devait accepter tous les sacrifices qu'exigeait ce type d'entreprise ! Le misérable morveux le snoba, le mit dehors malgré ses menaces à peine voilées… tant pis pour lui… ce cloporte le gênait, l'indisposait… il fallait désormais l'écraser ! Il informa ses collaborateurs de sa décision, leur demandant de faire disparaître au plus vite ce comte de malheur et de faire croire à un décès naturel afin de conserver la validité de l'acte notarié.

Le comte disparu, il escomptait que sa femme, bouleversée, fragilisée et désormais seule, finisse par prendre peur, et céderait ainsi à sa demande. Si cette dernière refusait… son sort serait également scellé !

Au début du mois d'avril 1882, ses associés vinrent lui annoncer que tout était réglé.

M. le comte Antoine de Lescures n'était plus, l'annonce officielle de son décès n'était plus qu'une question d'heures ! Le 4 avril, on retrouvait effectivement le corps sur les berges de la Seine, à quelques kilomètres de l'entreprise d'armement.

On suspectait un suicide lié à la fragilité psychologique de M. le comte.

Carlier était en joie, tout fonctionnait comme toujours. Ces sources d'informations le prévinrent que l'attribution du fabuleux contrat était toute prête à lui échapper, et qu'une entreprise suisse allait vraisemblablement gagner la partie. M. Carlier était vert de rage !

Jamais il n'avait perdu une telle affaire ! Jamais il n'accepterait de laisser passer cinq milliards !

Cet échec était inenvisageable ! La comtesse de Lescures devait tout faire pour que le ministre de la Marine fût satisfait et signât l'attribution de l'appel d'offres ; tout faire, ou alors…

Il se rendit donc en son domicile parisien, près de la faculté de médecine.

Il lui expliqua l'affaire, lui détailla les tenants et les aboutissants, lui fit subtilement comprendre que l'esprit de sacrifice dont elle devait faire preuve n'était en rien moralement répréhensible, mais cette femme, cette snobinarde à la vision étroite, cette poule de luxe à l'âme puritaine ne voulait rien entendre, rien comprendre.

Tant pis pour elle !

Au revoir les de Lescures !

Au revoir les mous, les snobs, les amateurs ! Laissez faire les grands… laissez faire M. Anatole Carlier !

Anatole tremblant de colère se reprit. Oui, il était indispensable de se débarrasser de la comtesse, seulement, ses informateurs étaient catégoriques : M. le ministre Jarré était éperdument amoureux de Margot de Lescures, et s'il souhaitait signer avec une entreprise suisse (au risque de déstabiliser l'opinion à l'âme patriotique forte en ces temps de conflits) c'était parce qu'il lui en voulait de ne pas s'intéresser à lui, et lui renvoyer cette éternelle image d'homme laid, seul, malheureux ! M. Maurice Jarré voulait mettre dans son lit la comtesse et être aimé d'elle ? Cela serait !

Carlier n'avait pas le choix. Il fallait que ce soit Margot qui séduisit ce ministre, mais il devait également se débarrasser d'elle au plus vite ! Cette femme était, quoi que l'on fasse, impossible à convaincre, pas plus qu'à manipuler ! Alors, comment faire ? Il devait rapidement réfléchir, trouver une solution. L'attribution de l'appel d'offres devait avoir lieu en octobre prochain. Il lui restait encore quelques mois pour trouver « la » bonne idée, celle qui ferait de lui un homme immensément riche et puissant, l'homme que toute la France connaîtrait, respecterait, admirerait, lui, Anatole Carlier ! À cette pensée, un maigre petit rictus surgit sur le bord droit de ses lèvres, et une pensée saugrenue lui vint : dommage que cette garce n'ait pas une jumelle !

Chapitre VII

Paul et Margot — Octobre 1882

Après cette soirée qui l'avait déstabilisé, Paul ne savait plus que penser. Ils avaient vu, lui et ses camarades, la comtesse Margot de Lescures à cette réception monégasque.

Et pourtant, il était persuadé avoir déjà eu affaire à cette même personne quelques jours plus tôt, à la différence notable que celle-ci était alors morte, allongée sur une table de dissection et avait le crâne fraîchement ouvert ! Avait-il rêvé ? Sa « vie parallèle », cette mémoire cellulaire à laquelle il croyait tant, cela ne pouvait pas être que des cauchemars ? Il s'était en effet vu, quelques heures à peine après avoir découvert le cadavre de cette splendide et mystérieuse jeune fille, dans un corps de femme, se noyant, « attiré » vers les fonds par une force mystérieuse.

Il rêvait, peu de temps après, au comte de Lescures, dont la femme était le parfait sosie de cette jeune fille, homme décédé lui aussi dans d'étranges circonstances. Trop de hasards, trop de questions sans réponses, trop de morts. Qui était la jeune fille ?

Pourquoi et comment était-elle morte ?

Quels étaient ses liens dans cette affaire ?

La comtesse était-elle impliquée ?

Était-elle une victime ?

Son mari avait-il lui aussi été assassiné ? Paul soupira. Il allait falloir mener une véritable enquête de police : étudier, rechercher, interroger, prouver !

En attendant, les trois amis devaient aujourd'hui encore assister à une soirée, durant laquelle les fonds récoltés seraient intégralement redistribués à la recherche océanographique. On y dansera peu, on y boira plus ou moins modérément, on y séduira beaucoup. Vêtus tels de vrais lords anglais, les cheveux plaqués, aux multiples reflets de brillantine, les jeunes garçons faisaient une entrée remarquée dans la salle de réception du musée océanographique de Monaco. Ils étaient en joie ce soir, très excités par la tournure que prenaient les événements.

Pensez donc : mener une passionnante enquête jusque sur la côte monégasque, dans une affaire aussi bizarre qu'étrange, faisant preuve de sursauts, de rebondissements aussi fréquents qu'inattendus, alors qu'ils devraient être ennuyeusement assis, à étudier dans une salle de cours sombre et malodorante de la faculté de médecine de Paris… Il y avait vraiment de quoi être en joie, non ? Le champagne était servi au buffet.

Les garçons avaient grand-soif.

Le bar n'était pas loin, les filles pas encore nombreuses ni vraiment belles… aucune hésitation possible !

Après une petite heure passée à trinquer et à boire la noble boisson « cul sec », le barman souffrait d'une tendinite au poignet droit, et les jeunes garçons de maux de tête itinérants et d'intensité variable. On riait à présent d'un « rien » et d'un « pas grand-chose », quand nos trois gais lurons virent la comtesse Margot de Lescures faire son entrée d'un pas majestueux.

Les rires cessèrent, les bouches s'ouvrirent béatement, donnant un air particulièrement intelligent à leurs propriétaires.

Paul se dit que cette femme était vraiment magnifique, d'une beauté rare et sans égal.

Il comprenait parfaitement à présent les sentiments ressentis lors de la découverte du corps de la jeune fille en salle de dissection.

Son cœur battait pour cet amour naissant, il rencontrait pour la seconde fois la femme de sa vie, à la simple différence que cette fois, la personne dont il était sous le charme était bien vivante. L'alcool aidant, d'un élan non maîtrisé, Paul se dirigea vers la table où Mme la comtesse venait de s'asseoir.

Il prit place près d'elle en compagnie de six autres personnes.

« Madame la comtesse, permettez-moi de me présenter, Paul Le Pellay. Je suis étudiant à la faculté de médecine de Paris, et invité à ce congrès par le professeur Poirier, que vous connaissez, et par le docteur Richet. Puis-je me joindre à vous ? »

Margot semblait troublée par l'énoncé de ce nom.

Une expression de dureté apparut alors sur son visage.

Se ravisant brutalement, redevenue souriante, elle le regarda d'un air qui semblait à présent amusé.

Cet énergumène avait visiblement trop bu, mais il avait du charme, du charisme. Il lui rappelait un peu Antoine jeune. À cette idée, elle se sentit quelque peu déstabilisée et eut du mal à reprendre ses sens…

« Prenez place, monsieur, je vous en prie ! »

Paul s'assit d'une façon aussi adroite et élégante que son imprégnation alcoolique le lui permettait.

Ce faisant, il lâcha, bien involontairement, un pet qui se manifesta de la plus bruyante manière. L'assemblée médusée fixait des yeux le pauvre garçon éhonté et la comtesse confuse…

Se ressaisissant, le jeune homme tenta un trait d'humour salvateur… Il se détourna de Margot pour se pencher à l'oreille de son autre voisine. Cette dernière était une forte femme rubiconde.

Paul lui murmura, de façon suffisamment intelligible pour être entendu de tous :

« Aucun souci, madame, j'avouerai aux convives que c'est moi ! »

Mme la comtesse éclata de rire ! Un de ces rires virulent, sincère et communicatif. Les larmes lui perlèrent des yeux et coulèrent de chaque côté de son magnifique et adorable nez. L'autre dame, bien que rouge de façon chronique, devint violacée de gêne, enfin, devant l'hilarité générale, verte de rage.

Elle se leva, toisa méchamment Paul, prit son verre d'eau, le lui jeta au visage, le traitant de malotru. Margot, toujours secouée par cet élan de bonheur, prit dans son sac un mouchoir de soie blanche et essuya délicatement le jeune garçon devenu, bien malgré lui, le héros de cette soirée.

Le calme revenu, la comtesse et l'étudiant en médecine parlèrent de choses et d'autres, s'observant langoureusement, s'amusant de tout et de rien, ignorant à présent toutes les personnes qui les entouraient… ils étaient seuls au monde. Paul était aux anges.

Il se sentait bien avec Margot. Tout en elle n'était que douceur, gentillesse, charme et séduction. C'était la femme avec laquelle il aurait aimé vivre, fonder une famille, vieillir.

Il savait enfin ce que voulait dire « aimer » !

C'était, pour lui, un sentiment jusqu'alors totalement inconnu.

Il avait bien, comme tout le monde, eu quelques aventures qu'il nommait à tort à l'époque, « amour », notamment avec sa cousine, Amarande. Tout cela remontait à bien loin maintenant !

Paul ne devait avoir que douze ou treize ans à l'époque. Elle, n'en avait pas plus de dix.

Il ne se souvenait que d'une façon très floue de son visage, mais juste de cet amour enfantin qui lui avait tant fait tournoyer la tête, vibrer son âme et son cœur de jeune adolescent !

Ils habitaient tous deux Granville à cette époque et étaient inséparables.

Ils s'imaginaient régulièrement franchissant les grandes portes à battant de l'église Notre-Dame, elle toute de blanc vêtue, lui dans son beau costume sombre à queue de pie, coiffé d'un magnifique haut-de-forme ! Il avait depuis lors, totalement perdu la trace d'Amarande, et ne savait pas ce qu'elle était devenue.

Elle avait quitté Granville après le divorce de ses parents.

Accompagnant sa mère, elles s'étaient installées, croyait-il se souvenir, du côté de Paris. Le divorce était très mal vu à l'époque dans une France particulièrement puritaine. Les Le Pellay, emprisonnés dans leurs convictions religieuses, n'avaient pas été très fiers ni très heureux de cette séparation.

En conséquence, leur soutien moral et financier était demeuré quasi inexistant pour la propre sœur de la mère de Paul ! Pourquoi ses souvenirs lui revenaient-ils aujourd'hui ? La mémoire est une chose tellement mystérieuse ! Revenant brutalement à la conversation, et se sentant parfaitement à l'aise avec sa nouvelle amie, il lança à Margot, sans même réfléchir :

« Savez-vous que je vous ai déjà rencontrée à Paris il y a quelques semaines ?

— À Paris ? Dans quel endroit ?

— Cela va vous paraître étrange, dit Paul avec un large sourire, mais vous étiez allongée à la faculté de médecine !

— Quelle est cette plaisanterie Paul ? Expliquez-vous enfin !

— Excusez-moi, chère amie, pour cette confidence quelque peu morbide et de très mauvais goût, je vous l'accorde, mais j'ai commencé à disséquer une jeune femme qui vous ressemblait trait pour trait, que l'on venait de découvrir morte sur le parvis de l'église Saint-Sulpice !

— Une femme qui me ressemblait ? Une vague similitude physique est toujours possible ! Était-elle à ce point semblable à moi ?

— Personne ne peut être aussi parfaite que vous, chère comtesse, mais cette jeune personne aurait pu être votre sœur jumelle, je vous l'assure ! Son corps a d'ailleurs été volé dès le lendemain et toute cette histoire est entourée de mystère. Ma venue à Monaco n'est, en fait, pas étrangère à ces événements.

— C'est passionnant Paul ! Ma vie était si ordinaire et ennuyeuse avant de vous rencontrer ! Voudriez-vous dîner avec moi demain soir et me raconter en détail cette sordide histoire ?

— Oh ! avec le plus grand plaisir, madame la comtesse. Je vais dorénavant compter les heures qui me séparent de vous ! »

Paul, en cet instant, virevoltait et évoluait dans un monde merveilleux, aux couleurs douces et sucrées... il était amoureux... follement amoureux ! Il voyait à présent ses mésaventures passées, d'un autre œil.

Du regard de l'amoureux transi qu'il était devenu, Paul se disait que tous ces événements l'avaient, en définitive, conduit volontairement dans la principauté monégasque.

Il venait d'y découvrir le grand amour, celui que l'on ne rencontre qu'une fois... le plus beau, le plus fort, mais aussi le plus douloureux des sentiments : la passion... Il ne pensait plus « mémoire cellulaire », mais tout simplement « destinée », celle qui fait que deux êtres faits l'un pour l'autre se rencontrent, malgré la différence sociale, l'éloignement géographique, ou même l'âge. Margot était une comtesse, veuve, fortunée et de surcroît, magnifique.

Lui n'était qu'un palefrenier, célibataire, ayant quelques moyens financiers, mais doté d'un physique assez ordinaire en somme.

Ils se quittèrent tendrement.

Margot apposa un doux baiser sur la joue droite de Paul, laquelle s'enflamma.

Le jeune homme, plus cérémonial, lui baisa la main.

Il la suivait tendrement et amoureusement du regard. Traversant la gigantesque salle, elle écartait majestueusement les admirateurs qui ne pouvaient s'empêcher de détourner furtivement leurs regards, au grand dam de leurs épouses, jalousant secrètement la beauté et la richesse de cette comtesse. Paul finit enfin par retrouver ses camarades qui l'observaient depuis maintenant une bonne heure...

« Alors vieille fripouille ! lui lança Pierre, sur un ton mêlant admiration et jalousie...

— Ah, mes amis ! Je viens de passer la plus belle des soirées avec la plus merveilleuse, la plus extraordinaire, la plus magnifique des femmes !

— Mais vas-tu enfin nous raconter ? surenréchit Aristide, visiblement à bout de nerfs...

— Quoi vous dire de plus ? Je suis d'ores et déjà follement amoureux. La destinée m'a amené ici, à Monaco, où j'ai eu la chance et l'immense bonheur de rencontrer la femme de ma vie. Toute cette histoire n'était peut-être que hasards et j'ai pu avoir l'imprudence d'imaginer ces événements comme étant des actes criminels !

— Et que fais-tu de tes rêves, de tes prémonitions ?

— Le cerveau conservera tous ces mystères pendant encore des siècles, Pierre. J'ai peut-être, sans en avoir le souvenir, parcouru l'article sur le comte de Lescures, son décès accidentel, son inhumation. Mon imagination, que vous savez fertile, aura sûrement fait le reste.

— Et le corps de cette fille inconnue, volé à la faculté, c'est ton imagination ?

— Un sadique, un trafiquant de cadavre, des étudiants farceurs, que sais-je ?

— Non mes amis, je peux comprendre votre amertume à voir Margot s'amouracher d'un petit étudiant en médecine comme moi. Une jeune, riche et magnifique veuve semblant séduite par le moins bon des charmeurs… soyez beaux joueurs, messieurs… acceptez votre défaite et laissez-moi vivre mon bonheur !

— Tu te fourvoies, Paul ! lui dit Aristide, quelque peu déçu par la réaction de son ami. Nous ne sommes en aucun cas jaloux, et ne voulons que ton bonheur, mais il nous semble que tous ces faits, ces hasards, ces coïncidences, où quelque soit le nom que tu veuilles leur donner, enfin, je… nous… ça sent le complot politico-financier à plein nez, Paul, méfie-toi !

— Vous ne comprenez rien à l'amour. Vous me décevez tous les deux énormément. Je dois dîner avec Margot demain soir et vous verrez que ses sentiments à mon égard sont sincères ! Je lui ai d'ailleurs parlé de la jeune fille de la salle de dissection, de sa ressemblance étonnante avec elle, du vol de son cadavre et Margot a même paru amusée par cette rocambolesque histoire.

— Quoi ? Tu lui as parlé de ça ? Mais tu ne connais quasiment pas cette femme Paul ! s'insurgea Aristide, rouge de rage et d'incompréhension ! Si elle devait être impliquée dans cette affaire, tu pourrais devenir gênant, et qui sait ?

— Arrêtez tous les deux. Vous me dégoûtez. Laissez-moi tranquille ! »

Paul se décida alors à quitter précipitamment la salle, laissant là ses deux amis médusés.

« Que pouvons-nous faire Pierre ?

— Rien ! Laissons-le aller à son foutu rendez-vous et nous verrons ! Si tout se passe bien et que cette comtesse lui tombe réellement dans les bras, nous n'aurons plus qu'à nous excuser et à nous prosterner devant ses grandes qualités de séducteur… Si au contraire il devait lui arriver le moindre problème, nous saurions alors que nous avions vu juste.

Son rendez-vous est demain soir. Suivons-le discrètement. Si nous sommes dans le vrai, la vie de ce nigaud est en danger. »

Paul était vexé au plus haut point de l'attitude de ses amis.

Eux qui auraient dû se réjouir de son bonheur, fous de jalousie sans aucun doute, étaient allés jusqu'à salir Margot, la soupçonnant des pires machinations et des plus terribles méfaits. Cette blessure était très largement compensée par la joie et l'immense bonheur qu'il ressentait au plus profond de son cœur.

Ce galant rendez-vous l'avait empêché de dormir une partie de la nuit, l'autre moitié ayant été encombrée de fantasmes divers et variés, concernant toujours, bien évidemment, sa douce amie.

Paul était bien décidé à éviter ses deux compères et se hâta d'aller prendre son petit-déjeuner.

La salle du restaurant était encore vide à cette heure matinale.

Il s'installa, commanda un café noir et un croissant.

Il jeta un œil sur *l'Aube parisienne*, et son attention se porta sur un article qui concernait la prise du Tonkin par les Français.

On y racontait que le capitaine de vaisseau Henri Rivière, qui commandait alors trois canonnières et sept cents hommes, avait pris la citadelle d'Hanoï, la capitale du Tonkin, le 25 avril dernier.

La France, en la personne de son ministre de la Marine, Maurice Jarré, venait de faire une importante commande d'armes à une société française.

Cette entreprise était codirigée par Mme la comtesse de Lescures (ayant perdu récemment, dans de tristes circonstances, son époux) et par M. Anatole Carlier et ses associés.

On parlait dans l'article d'une commande avoisinant les cinq milliards de francs-or. Le journaliste, figure virulente de l'opposition au gouvernement du président de la République, Jules Devry, ironisait sur les circonstances de la conquête de l'appel d'offres par la société française.

Cette dernière était, peu de semaines auparavant, en mauvaise position pour arracher ce contrat.

Une entreprise suisse (particulièrement réputée et proposant des arguments d'ordre financier non négligeables pour une France déjà fatiguée, engagée dans un conflit pouvant durer quelques années !) avait été sur le point de remporter la donne. Or, à quelques jours de la signature dudit contrat, M. le ministre faisait volte-face, annonçait sa préférence pour l'entreprise française, prétextant une décision d'ordre moral et patriotiquement irréprochable.

Le journaliste ironisait alors en soupçonnant Maurice Jarré d'avoir une morale se situant au-dessous de la ceinture, et que ce n'était pas grâce à sa main qu'il avait signé ce contrat, mais à un autre organe qui aurait bien eu du mal, lui, à tenir un porte-plume ! Il allait même plus loin en annonçant clairement que la jeune veuve avait usé et abusé de ses charmes, allant même jusqu'à fréquenter la couche de M. le ministre, pour arriver à ses fins ! Un dessin satirique illustrait clairement ces propos. Paul était devenu blême.

Son cœur battait la chamade.

Ses mains étaient moites.

Ses jambes se remettaient à trembler. Mais cette fois-ci, ce n'était pas de peur, non… c'était la rage, la haine contre ce minable journaliste, écrivant un article à sensation uniquement pour faire vendre son torchon !

Comment pouvait-il écrire de telles ignominies ?

Quelles preuves avait-il pour oser accuser une personne aussi respectable que Margot ? Salir ainsi son amie… peut-être sa future femme… prochainement mère de ses enfants ! Paul, visiblement assommé, remonta dans sa chambre.

Il s'allongea de tout son long sur le lit, fixa son regard sur le lustre de cristal suspendu au-dessus de sa tête. Le soleil entrant jouait avec ses nombreuses facettes anguleuses et polies, tapissant la pièce de centaines d'éclats lumineux.

Il pensait à Margot et se disait qu'une telle femme ne pouvait être aussi malfaisante et intéressée que voulait bien le laisser entendre cet ignoble article.

Il était bien décidé à aborder ce délicat sujet avec elle ce soir, au dîner. Elle prendrait certainement mal qu'il pût douter d'elle un seul instant, l'assimilant à une femme prête à tout pour de l'argent !

Peu importe, il fallait qu'il sache, et il était convaincu qu'il verrait immédiatement à travers son regard si elle lui mentait.

Contrairement à ce que pensaient ses amis… il la connaissait.

Cette rencontre avec elle avait été comme une évidence.

Paul n'avait eu que très rarement cette impression, celle qui fait que l'on se sent immédiatement proche et lié à une personne pourtant fraîchement rencontrée. Margot était la femme de sa vie… il le savait… il le sentait… il le vivait ! Il finit par se rendormir.

Cette fois-ci, ni rêves ni cauchemars.

Le sommeil avait été profond et récupérateur.

Quand il se réveilla, un rapide coup d'œil à sa montre lui apprit qu'il était déjà dix-sept heures.

Il se leva d'un bond, se dirigea un peu titubant vers la salle de bains, ouvrit en grand les deux robinets de la baignoire et plongea dans l'eau chaude son corps encore engourdi de sommeil. S'il avait pu savoir à cet instant que ce bain ne serait pas le seul de cette terrible journée.

L'Hôtel de Paris où résidait Margot n'était qu'à quelques centaines de mètres de là. Habillé de circonstance pour cette soirée qui s'annonçait inoubliable, impeccablement coiffé et rasé, légèrement parfumé, Paul se décida à faire un petit détour afin de longer la côte. Il savait par expérience que cette promenade lui serait salvatrice. Il ressentait en effet cette douce angoisse, cette délicate et agréable appréhension que ressentent les amoureux avant leurs retrouvailles.

La nuit était déjà tombée en cette fin de journée du mois d'octobre. Le temps demeurait très doux malgré l'avancée de la saison. Les arbres rougissaient. Des feuilles multicolores volaient, balayées par ce doux vent de sud-ouest.

Peu de personnes circulaient sur cette promenade à cette heure.

En passant près d'une belle villa à colombages, demeure à l'apparence somptueuse, encadrée de deux tourelles surmontées de gigantesques cheminées, un homme surgit de l'allée bordée de cyprès, et le héla : « Monsieur, s'il vous plaît, monsieur ! » L'accent de l'individu lui rappelait l'Italie, qu'il avait eu la chance de découvrir il y a quelques années avec son père.

L'homme était mince et plutôt grand. Son visage était orné d'une petite moustache et ses joues creuses amplifiaient cette impression de maigreur. Malgré son sourire forcé, Paul se dit que ce type n'inspirait pas la sympathie !

« Oui, monsieur… que puis-je faire pour vous ?

— Avez-vous du feu pour allumer mon cigarillo ?

— Je suis désolé, je ne… »

Paul sentit à cet instant sa tête exploser ! Un gigantesque coup de gourdin sur l'arrière du crâne venait de l'anesthésier ! Combien de temps resta-t-il inconscient ? Il n'en savait rien.

Quand il reprit connaissance, il était enfermé dans un sac de jute. L'obscurité était totale.

Vraisemblablement transporté sur une charrette à main, il se sentait régulièrement secoué au gré de l'imperfection de la chaussée.

Il réalisa alors qu'il était bâillonné et que ses mains et ses pieds étaient liés. Il ne comprenait rien. Pourquoi lui en voulait-on ? Il n'avait rien fait qui puisse justifier cet enlèvement, était-ce pour son argent ? Il repensa à cet instant à la discussion houleuse qu'il avait eue avec ses amis. Cette agression était-elle liée à Margot ? Gênait-il un prétendant jaloux ? Avait-il réellement mis les pieds dans une sordide affaire ? Il était malheureusement trop tard pour y penser. Il était dans de beaux draps. Il s'en voulait de ne pas avoir écouté les conseils de ses deux amis. L'amour rend aveugle, dit-on, il allait l'apprendre à ses dépens ! La charrette s'arrêta. Il sentit deux individus le saisir, le soulever et le lancer puissamment.

Paul chuta durant un temps qui lui sembla interminable vers une surface inconnue. Il n'eut pas le temps ni la présence d'esprit de revoir sa vie défiler, il allait mourir, il le savait, il le sentait.

Il allait rejoindre sa mère, son père… et Guillaume.

Cette pensée le rassura quelque peu, et il se sentit prêt, prêt à franchir l'ultime porte qui allait s'ouvrir devant lui, celle du paradis, espéra-t-il. Il ressentit alors une formidable claque, une gifle terrible. Puis, il sentit l'eau, l'eau de mer, et il s'enfonça rapidement, très rapidement… trop rapidement ! Il allait mourir noyé. Juste retour des choses, se dit-il.

La mer lui avait tout donné, et tant repris ! Il aurait préféré donner son corps à la Manche, mais dans ces moments difficiles, nous ne sommes que rarement maîtres de nos choix, se dit-il. Il étouffait, l'air lui manquait, la pression de l'eau l'écrasait, tout devenait insoutenable… plus que quelques bouffées d'oxygène, et tout serait fini… Le voile tomba… La dernière image qu'il vit était celle de Margot, la belle Margot.

Chapitre VIII

Amarande, Paul et Antoine — Mi-septembre 1882

Pourquoi l'image de Paul surgissait-elle dans l'esprit d'Amarande à un tel moment ?

Elle venait tout juste de reprendre connaissance dans ce bureau.

Elle était allongée, grelottait de froid.

Combien de temps était-elle restée là, inanimée ? Où était passé cet étrange individu tout récemment rencontré ?

Elle s'assit dans le confortable fauteuil qui lui tendait les bras. Elle devait s'accorder quelques minutes avant de sortir de la pièce et rentrer chez elle.

La tête délicatement appuyée sur le haut du crapaud, elle ferma les yeux, essaya de se souvenir des événements survenus quelques minutes plus tôt, mais… c'était indubitablement à Paul Le Pellay qu'elle pensait…

Elle savait depuis peu que ce dernier habitait Paris, qui plus est, tout près de chez elle. Après avoir quitté ce maudit château et « réglé ses comptes », elle avait eu la chance de trouver un petit emploi chez un médecin, le professeur Faraber, célèbre anatomiste exerçant son art à la faculté de médecine toute proche.

Ce personnage haut en couleur, jovial et toujours respectueux, recherchait une jeune personne pouvant bien assurer l'intendance de son appartement, accueillir ses patients venant consulter, et surtout, recevoir ses amis de la meilleure des façons. Célibataire endurci, M. Faraber adorait festoyer et avait de très nombreuses relations !

C'est ainsi qu'un beau jour, Amarande eut la surprise de saisir une conversation qui l'intéressa au plus haut point ! L'invité du jour était le professeur Poirier, médecin d'origine granvillaise, tout comme elle. Il demandait au docteur Faraber, comme un service personnel, de bien vouloir rencontrer un de ses proches amis, nouvel arrivant à Paris et tout fraîchement inscrit à la faculté de médecine… un certain Paul Le Pellay.

Ce jeune homme venait récemment de perdre son père, riche armateur.

Ce dernier venait de se suicider, n'arrivant plus à accepter sa responsabilité dans le décès accidentel du meilleur ami de son fils.

Il avait, en effet, personnellement insisté pour que ces deux jeunes gens partent faire « leurs classes » en accomplissant une saison de pêche à la morue sur les célèbres bancs de Terre-Neuve.

À leur retour, ils devaient intégrer des postes de direction dans l'affaire familiale. Malheureusement, à quelques heures de mettre pied à terre, lors d'une puissante tempête, l'ami de Paul avait fait une chute mortelle.

Paul, du fait de son âge avancé, était d'autant plus conscient de l'évolution de ses sentiments. Troublé par ce nouvel effet que lui procurait le contact du corps d'Amarande, il sentit une irrésistible envie de l'embrasser.

Il appliqua alors délicatement ses lèvres sur celles de sa cousine. Elle lui rendit son baiser. Les cloches de l'église Notre-Dame sonnaient onze heures… Leur vie durant, ils se souviendraient de cet instant magique !

Amarande et Paul étaient heureux, et pensaient innocemment que cette idylle naissante durerait tout au long de leur existence.

Les mois qui suivirent furent merveilleux.

Cet amour adolescent qu'ils se portaient l'un à l'autre était le plus beau, le plus pur… car le plus innocent.

À ce jeune âge, peu de choses viennent perturber l'idylle entre deux êtres.

On ne pense qu'à l'autre… on ne vit que pour l'autre ! Tout au long de leur vie, les êtres humains sont à la recherche de ce sentiment perdu… qu'ils ne retrouveront malheureusement jamais, car l'âge adulte apporte ce flot de soucis, de responsabilités, d'obligations, qui font que l'on ne retrouvera jamais cette douce et onctueuse innocence !

L'amour adolescent est unique !

Quelques mois après ce premier baiser, l'ambiance au sein de la famille d'Amarande se dégrada fortement.

Les scènes de ménage étaient de plus en plus fréquentes.

La dépendance alcoolique du père prit de telles proportions, que les clients de l'épicerie furent de plus en plus souvent témoins de ces violences verbales, jusqu'au jour où elles devinrent physiques et firent deux blessés !

Ne supportant plus les reproches de sa femme quant à son amour inconditionnel pour le whisky irlandais, le père d'Amarande voulut s'essayer au lancer de bouteille de lait.

Pensant prendre pour cible le visage de sa femme, la projection atterrit sur le menton de Mme Fouvre (femme d'un juge caennais, se reposant à Granville, là où les habitants sont si sympathiques !) puis, par ricochet, sur le front du capitaine Maloris, chef de la brigade de gendarmerie.

Ce dernier enferma immédiatement l'épicier maladroit et le juge Fouvre se chargea de lui trouver une confortable chambre à la prison de Caen ! L'affaire fit grand bruit dans Granville.

Amarande et sa mère, subissant les moqueries répétées et les problèmes financiers liés à cette triste affaire, décidèrent de quitter définitivement la ville.

Après un divorce, prononcé rapidement au vu de la situation pénitentiaire de monsieur, la tante de Paul et sa fille partirent s'installer près de Paris.

Là, un lointain cousin, travaillant pour une grande famille, leur proposait un emploi de cuisinière pour l'une et d'employée de maison pour l'autre.

Arrivées au château du Haut-Mesnil, elles furent toutes deux engagées par la famille de Lescures.

M. le comte et Mme la comtesse avaient deux fils, Jean, âgé de dix-huit ans, entamait une carrière militaire, et Antoine, quinze ans, était appelé à l'avenir, à prendre les rênes de l'affaire familiale.

Les de Lescures étaient, depuis quelques générations, dans le commerce particulièrement lucratif des armes. Antoine tomba immédiatement sous le charme de cette jeune et nouvelle employée de maison.

Amarande, séduite par ce beau jeune homme, fortement impressionnée par sa belle allure et par son futur titre nobiliaire, se laissa prendre au jeu de la séduction. Bien sûr, ce n'était pas Paul !

Il n'y avait plus, dans cette nouvelle relation, aucune trace de l'innocence qu'elle avait connue, ni cette petite touche magique, propres aux belles et grandes histoires d'amour ! Mais, Amarande gardait, tout au fond d'elle, une profonde rancune contre la famille Le Pellay.

Ils les avaient abandonnées, elle et sa mère, les contraignant à quitter Granville et à devenir de simples employées de maison.

Devenir comtesse serait pour elle, une belle revanche et le moyen, certes futile, de se venger de ces gens ! Antoine, lui, était sincèrement épris de cette jeune fille.

Il l'aimait intensément, lui offrant régulièrement de petits présents, l'embrassant tendrement aussi souvent qu'il lui était permis.

L'adolescence étant à son apogée, les tendres baisers évoluèrent, et les amoureux innocents devinrent amants.

Amarande partageait désormais la couche du futur comte de Lescures… et faisait dans le même temps le ménage de sa chambre.

L'incident ne pouvait qu'arriver… et il arriva ! Un beau jour elle s'aperçut avec stupéfaction qu'elle n'avait plus ses menstruations. Les nausées matinales et sa poitrine devenue douloureuse lui firent comprendre qu'elle était enceinte. Elle en parla ouvertement à Antoine qui laissa éclater sa joie. Le jeune adolescent prit immédiatement la décision qui semblait s'imposer : épouser la future mère de son enfant !

Fier d'annoncer la bonne nouvelle à ses parents, leur prouvant ainsi son sens de l'honneur et des responsabilités, le jeune homme imposa la tenue d'un conseil de famille.

Cette réunion officielle était une tradition chez les de Lescures.

Elle servait, soit à prendre des décisions importantes concernant l'ensemble de la cellule familiale, soit à faire l'annonce d'un fait exceptionnel. Exceptionnel… il l'était !

Le comte et la comtesse ne furent pas déçus ! À l'annonce des faits, Antoine, droit dans ses bottes et le sourire à la boutonnière, vit, malheureusement trop tardivement, la large main de son père (ornée de sa majestueuse et lourde chevalière) venir s'écraser sur son rayonnant visage ! (qui, soudainement, cessa de rayonner !). Réalisant un brutal changement de position, son corps opta pour l'horizontal ! Sonné, le visage tuméfié, Antoine crut comprendre que son père désapprouvait ! Sa mère, restée en arrière, semblant amusée par les derniers événements, souriait.

Cette femme terrible, qui, depuis peu, faisait ressembler sa vie à un enfer, le haïssait viscéralement.

Le départ du château de son frère Arnaud, en était la cause… ou, tout du moins, le révélateur !

C'était la première fois que M. le Comte frappait son fils.

Il était un homme ouvert, et préférait en général, régler les conflits avec ses enfants de façon calme et posée.

Mais là, devant ce petit corniaud fier d'annoncer sa future paternité avec une domestique… son sang n'avait fait qu'un tour… il avait vu rouge ! Malgré tout, le voyant allongé là, à ses pieds, légèrement blessé, le regard plein d'incompréhension, il s'en voulait déjà d'avoir réagi de cette façon. Il allait falloir maintenant rapidement réparer les bêtises de ce petit crétin.

Monsieur de Lescures fit aussitôt prévenir le docteur Schwartz, médecin du village. Il lui expliqua son embarras devant une telle situation, lui demandant (moyennant forte récompense bien sûr !) de bien vouloir régler ce petit contretemps.

M. le Comte fit ensuite prévenir la mère d'Amarande qu'il voulait s'entretenir avec elle urgemment :

« Bonjour, Simone, prenez place, je vous en prie.

— Merci, monsieur le comte…

— Ma chère Simone, vous savez, par expérience, que les enfants sont, ô combien, difficiles à éduquer. L'adolescence en est certainement la période la plus compliquée ! Je ne vous apprendrai peut-être rien en vous annonçant que mon Antoine s'est épris de votre fille. Cette dernière, aussi irresponsable que mon nigaud de fils, a choisi de lui céder son pucelage… résultat ? La voilà enceinte ! Vous comprendrez bien, chère Simone, mon embarras… mon fils, héritera d'ici quelque temps, de mon titre et de mes affaires. Vous connaissez, sans doute, notre tradition nobiliaire qui fait que nos mariages ne s'effectuent qu'entre gens du "même monde". J'espère ne pas vous choquer en vous disant ceci Simone ?

— Du tout monsieur le comte… je comprends la situation et j'en suis sincèrement désolée… Amarande est une gentille fille qui a énormément souffert durant sa jeunesse. Elle a trouvé en votre fils, un jeune homme sincère et amoureux, et a cru bêtement qu'un avenir commun pouvait être envisagé !

— Je sais qu'Amarande est une fille bien, mais vous comprendrez que je ne peux accepter cette situation ! J'ai une proposition à vous faire Louise. Vous savez que je suis très attaché à vous, et ne peux en aucun cas me résoudre à vous voir partir. Si vous arrivez à convaincre votre fille d'accepter de mettre fin à cette grossesse et à quitter le château, j'augmenterai vos émoluments et attribuerai à votre enfant, une rente à vie. Je sais qu'Antoine et Amarande vont énormément souffrir de cette décision, mais je pense que c'est la seule envisageable pour que nos enfants respectifs reprennent une vie normale et aient un avenir heureux.

— Vous avez raison, monsieur. Je vous remercie de votre généreuse proposition, et vais de ce pas parler à ma fille. »

Quand Amarande écouta sa mère lui énoncer les propositions faites par le comte, elle comprit qu'il n'y avait pas à discuter et accepta la sentence.

La jeune fille ne voulait en aucun cas mettre sa mère dans l'embarras.

Elle avait bêtement cru pouvoir épouser un jeune noble éperdument amoureux, gentil, compréhensif… et s'était imaginée future comtesse, riche, mère de beaux enfants, habitant une somptueuse demeure.

Le coup du destin aurait été formidable et sa vie, enfin heureuse ! Autant d'années à souffrir, à être critiquée, humiliée, raillée, rejetée par les autres… à chercher sa place au sein de cette société… mais non ! Une fois de plus la vie lui jouait un sale tour !

Tout était encore de sa faute ! Elle était une douce rêveuse… et voilà !

Quelle cruche elle faisait ! Amarande ne pouvait en vouloir à Antoine.

Le jeune garçon devait énormément souffrir lui aussi… mais rien en comparaison de ce qu'elle allait devoir vivre !

Son avortement « volontaire » s'était douloureusement passé.

La scène, pour être la plus discrète possible, s'était déroulée dans sa propre chambre, au château.

Le docteur Schwartz, peu enclin à la discussion, et encore moins, sensible à la douleur psychologique que pouvait ressentir Amarande en un tel instant, était resté silencieux tout au long de son intervention.

Elle avait été seule, abandonnée de tous.

Antoine ne pouvait être présent et n'était vraisemblablement pas informé de ce qui se passait.

Sa mère, elle, lui en voulait et avait décidé de ne pas l'accompagner dans cette épreuve. Elle avait clairement su lui dire que s'étant mise seule dans l'embarras, elle devait, seule, s'en dépêtrer et que, sans la bonté de M. le comte, elles auraient été toutes deux à la rue et sans le sou ! Allongée sur son lit, le regard plongé vers le parc du château, elle pensait à son sombre passé, à son triste présent et à son improbable avenir.

La pièce était sombre, morbide, sinistre.

À l'extérieur, le ciel chargé et le vent fort ne faisaient qu'amplifier cette impression de drame imminent. L'opération, si douloureuse et traumatisante soit-elle, se passa sans un cri, sans une larme… Son travail fait, le sinistre médecin quitta promptement la pièce sans un mot, sans même quelques paroles de compassion, laissant la jeune fille seule avec son chagrin. Amarande demeura un certain temps dans un état quasi léthargique, puis, brutalement se leva.

Elle observa d'un regard circulaire la criminelle scène : le lit défait, les draps repoussés vers le pied, la bassine d'eau tiède rougeoyante, les quelques serviettes sanguinolentes éparpillées sur le sol.

Elle se sentait différente à présent. L'innocente jeune adulte qu'elle était, douce, gentille, toujours prête à écouter, à tendre la main, à aider son prochain était morte.

Elle se sentait aujourd'hui emplie de rage, de haine contre tous ces gens qui lui avaient fait tant de mal depuis qu'elle était enfant : son père, tout d'abord, était à l'origine de ses premières souffrances.

Ne se contentant pas de l'anéantir psychologiquement avec ses « coups de gueule », sa mauvaise humeur permanente et son alcoolisme chronique, il s'amusait aussi à la battre. Oh, pas régulièrement bien sûr ! Mais comme ça, de temps en temps, quand son agressivité verbale ne lui suffisait plus.

Il se soulageait alors en lui assenant quelques claques, coups de poing ou de bâton. Elle en gardait d'ailleurs, une trace physique.

Le jet d'un vase en cristal l'avait sérieusement entaillée, sur le haut de la cuisse droite. Sa mère avait prétexté un incident auprès du médecin qui les avait reçues en urgence. La suture avait laissé une profonde cicatrice d'une quinzaine de centimètres, que personne ne connaissait… hormis Paul et Antoine bien sûr !

Pour son père, le problème était à présent réglé.

Pris dans une rixe à la prison de Caen où il était incarcéré, il avait reçu, apparemment involontairement, un coup de fourchette dans la carotide droite et était décédé sur le champ.

La famille Le Pellay ensuite, les avait abandonnées lâchement au moment où leur soutien moral et financier aurait été primordial.

Avec leur aide, rien de tout cela ne serait arrivé… ni ce déménagement… ni ce travail asservissant… ni enfin cet affreux avortement !

De cette famille, il ne restait plus que Paul, son amour de jeunesse, qui lui, n'y était pour rien.

Sa mère également la décevait…

Cette femme qui, pensait-elle innocemment, aurait tout fait pour sa fille unique, et qui, au premier vrai problème rencontré, l'abandonnait, la lâchait, allant même jusqu'à la laisser seule dans les instants les plus difficiles, les plus douloureux de sa courte vie ! Cette femme devait aussi payer… et elle paierait !

Les de Lescures enfin, qui, eux, plongés dans leurs futiles traditions nobiliaires, leurs raisonnements stupides, leurs inhumaines idées de « classe supérieure », avaient décidé de tuer, d'assassiner leur propre descendance, un petit être fait de leur propre sang… pour l'unique raison que sa mère n'était pas issue du même monde !

Ils allaient le payer de leur vie… elle le jurait !

Ils ont tué son enfant, détruit sa vie. Ils mourront, tous, ils mourront !

Amarande réunit ses quelques affaires. La chose fut rapide… elle n'avait rien, juste quelques vêtements et cette petite rente de quelques sous, que lui avait « généreusement » attribué M. le Comte, moyennant son avortement et son départ du château.

Tout avait été rapidement réglé.

L'acte notarial rédigé stipulait que la somme serait versée tout au long de sa vie.

Une avance lui avait été faite, et elle devrait faire parvenir au notaire, dès que possible, sa nouvelle adresse, afin que les paiements suivent.

Il ne lui restait plus maintenant qu'à se venger.

La solution lui vint naturellement… en regardant l'âtre de la cheminée.

Le bois crépitait et finissait de s'y consumer. La douce lumière orangée, ondulante, rassurante et chauffante du feu radoucissait quelque peu cette pièce austère, mais pas l'esprit vengeur d'Amarande !

À une époque lointaine, les condamnés suspectés d'hérésie, de magie ou de sortilège périssaient sur le bûcher.

Les de Lescures méritaient bien la même sentence… ce qu'ils avaient fait était pire… bien pire !

En ce jeudi, les trois employés avaient leur journée et devaient quitter de bonne heure le château pour rejoindre la capitale.

Sa mère resterait dans sa chambre, comme à l'accoutumée.

Antoine, lui, avait sa leçon d'équitation, et était absent tout l'après-midi.

C'était le moment… l'heure de sa vengeance était arrivée… elle ne pouvait… elle ne devait pas reculer !

Elle alla à la rencontre du comte de Lescures, lui dit désirer lui parler, ainsi qu'à sa femme, et qu'elle serait heureuse de leur faire ses adieux dans le bureau de monsieur. Amarande n'avait pas fait cette demande au hasard !

Cette pièce était, comme quelques autres du rez-de-chaussée de la vieille bâtisse, équipée de barreaux. On pouvait y accéder par deux portes. Elle ferma la première, peu utilisée, surveilla l'entrée de monsieur et de madame et verrouilla la seconde.

Amarande grimpa ensuite rapidement à l'étage, sous les combles où se trouvaient les chambres des employés de maison, et verrouilla, à son tour, la porte de sa mère. Vint ensuite l'ultime épreuve… allumer le bûcher ! Se saisissant d'un tison dans une cheminée, elle mit le feu aux tentures, voilages, meubles, et à tout ce qui pouvait flamber.

Puis, calmement, elle sortit profiter pleinement du spectacle.

Le château du Haut-Mesnil était rongé par les flammes. La fumée s'élevait en colonne noirâtre, visible sur des kilomètres !

Elle entendit bien les « doux cris » des suppliciés, l'implorant qu'on les libère… mais elle les ignora, et s'éloigna… heureuse d'avoir réglé ses comptes, soulagée de débarrasser l'univers de ces êtres malfaisants, méchants, égoïstes… inutiles !

Sa main vengeresse avait frappé !

Elle prit calmement, comme si de rien n'était, le train pour Paris de quatorze heures vingt-cinq, se payant même le luxe de voyager en première classe.

Au wagon-restaurant, encore ouvert à cette heure tardive, où l'on servait le quatrième service, Amarande commanda du foie gras, du homard et choisit en dessert des choux à la crème, légèrement caramélisés.

Pour arroser le tout, et désirant célébrer dignement sa liberté nouvelle et son futur, qu'elle rêvait merveilleux, elle commanda une demi-bouteille de champagne… du Domaine des Onze Clochers, cuvée 1873… un excellent choix !

Quelques jours donc après ce fameux repas réunissant les professeurs Faraber et Poirier, Amarande s'était décidée à revoir Paul.

Elle avait trouvé son adresse en allant au bureau des postes du quartier.

Prétextant devoir contacter d'urgence, pour des raisons familiales M. Le Pellay, la guichetière, soupçonneuse, avait fini par le lui indiquer, ne pouvant résister plus longtemps aux larmes de la belle demoiselle.

D'après ses renseignements, Paul n'avait pas encore commencé ses cours à la faculté. Elle avait donc de grandes chances de le trouver chez lui à cette heure.

Arrivée devant la grande porte cochère, son cœur se mit soudainement à battre plus fort. Amarande se dit, en regardant le chiffre placé au-dessus de l'entrée de l'immeuble, que la vie n'était pas faite que de hasards, et que l'on ne pouvait lutter contre son destin.

Tout était écrit… elle en était certaine !

Paul avait choisi le numéro onze de la rue Soufflot ! En voyant ce numéro, il avait dû, tout comme elle ce jour, se remémorer leur premier baiser sur le port de Granville.

Ils étaient jeunes à cette époque, certes, mais un tel moment de douceur, de romantisme pur, d'amour passionné… on ne peut et on ne doit l'oublier !

Amarande grimpa deux à deux les marches de marbre recouvertes d'un splendide tissu rouge, maintenu par des flèches dorées.

L'immeuble où demeurait Paul était assurément très bourgeois.

Cet escalier somptueux, les splendides tableaux et tentures ornant la cage d'escalier, les majestueuses portes d'appartement en acajou, aux poignées de cuivre rutilantes… tout respirait le luxe, le confort, la sécurité.

Elle se dit qu'elle se verrait bien vivre ici au côté de l'homme de sa vie. La roue allait peut-être enfin tourner et la chance, lui sourire ! Son destin avait été tortueux et cruel, depuis sa plus tendre enfance. Mais, depuis quelque temps, le ciel semblait s'éclaircir et virait au bleu… sa vie, sa vraie *vie* allait enfin commencer… c'était aujourd'hui… maintenant !

Légèrement essoufflée, Amarande se tenait devant la lourde porte.

Elle sentait son sang pulser dans ses tempes.

Ses carotides donnaient l'impression de vouloir exploser.

Ses mains étaient moites.

Elle prit une longue respiration, saisit le carillon et l'agita fermement.

Elle était au bord du malaise.

Rien…

Elle renouvela son geste en le prolongeant…

Toujours rien !

Personne !

Fortement déçue et quelque peu assommée, elle se jura de revenir dès le lendemain, et reprit le chemin inverse.

Arrivant dans la rue Bonaparte, marchant à vive allure, le regard fixé vers le sol, totalement absorbée et bouleversée par son échec récent, Amarande heurta un drôle d'énergumène !

L'homme avait tout d'un zombie : son teint était d'une pâleur morbide et ses yeux noirs, enfoncés profondément dans leurs orbites, la regardaient fixement… Amarande frissonna… son échine était parcourue d'une sueur froide… glaciale… elle était comme « pétrifiée » de peur !

Ce diable la dévisageait, l'observait, la fixait, comme s'il avait lui-même vu un fantôme !

Puis il ouvrit enfin la bouche, et d'une voix grave dit :

« Madame, excusez-moi pour cette rencontre somme toute, assez brutale, mais totalement involontaire, je vous l'assure !

— Je vous en prie monsieur… vous n'y êtes d'ailleurs pour rien ! C'est moi, qui ne prenant garde, vous ai bousculé. Veuillez me pardonner !

— Madame, votre beauté, votre ressemblance avec… enfin… il faut absolument que je vous parle d'une chose des plus urgentes ! Pouvez-vous m'accorder quelques minutes de votre temps ? Ma voiture est à quelques pas d'ici, je vous en prie madame, suivez-moi et je ferai de vous une personne immensément riche ! »

Amarande, en quelques minutes, avait totalement oublié Paul ! Elle était véritablement hypnotisée par cet homme.

Que risquait-elle à le suivre et à l'écouter ?

Malgré son côté effrayant, ce dernier était richement vêtu et sa proposition l'intriguait… elle voulait savoir !

« C'est entendu monsieur… je vous suis ! »

113

Quelques minutes plus tard, confortablement assise dans une voiture hippomobile de grand luxe, faisant face à l'étrange individu, Amarande attendait... L'homme l'observait toujours, fixement, scrutant et enregistrant chaque trait de son visage, mais que lui voulait-il ?

« Madame, permettez-moi tout d'abord de me présenter, je suis Anatole Carlier, et je dirige un établissement bancaire de renom : la banque Carlier et associés. Nous avons besoin urgemment, pour une affaire des plus importantes, d'une femme telle que vous. Nous vous rémunérerons généreusement, que pensez-vous de deux cents millions de francs-or ? »

Amarande blêmit, sa bouche, restée malgré elle ouverte, dessinait un cercle parfait. Son cerveau semblait paralysé par cette proposition inattendue.

Au bout de quinze secondes ce dernier reprit ses fonctions, et donna l'ordre à ses cordes vocales de prononcer faiblement, un : « j'accepte ».

« Merci, madame, c'est une excellente décision que vous ne regretterez pas, je vous l'assure ! Toutes les personnes qui travaillent pour Carlier sont riches et en bonne santé ! »

Et il se mit à rire, d'une façon saccadée, hoquetant par moments, gloussant à d'autres tel un dindon ! S'arrêtant tout net, il poursuivit :

« Ce que je vais vous dire, madame, relève du plus haut secret, il s'agit d'une affaire d'État. Si vous deviez divulguer la moindre information, vous pourriez le payer de votre vie ! Je peux compter sur vous ? »

Devant l'acquiescement d'Amarande, Carlier poursuivit :

« Vous subirez rapidement une petite intervention chirurgicale pour modifier, quelque peu, la forme de votre nez et réaliserez de légères modifications esthétiques. Votre rôle, car il s'agit bien là véritablement d'un rôle, ne durera que quelques jours. Dans un mois au plus, tout sera réglé. Vous allez devoir "remplacer" une personne importante qui doit prochainement disparaître. Cette personne devait m'aider à conclure un énorme contrat avec l'État français. Vous serez amenée à côtoyer et peut-être même plus si nécessaire, un haut personnage du gouvernement ; pour ne rien vous cacher : un ministre ! Votre rôle consistera à tout faire, vous m'entendez madame ? À tout faire, pour le convaincre de signer ce fichu contrat. Ensuite, votre personnage décédera et vous pourrez quitter Paris tout en remodifiant votre apparence. Nous vous verserons le restant de la somme convenue et vous pourrez partir là où bon vous semblera... mais loin, très loin de cette dangereuse sphère parisienne ! »

Ayant terminé explications et recommandations, M. Carlier plongea la main dans la poche intérieure de sa redingote, en extrayant un carnet de chèques.

Il le déposa sur une tablette où se trouvaient déjà un porte-plume et un encrier.

Il écrivit quelques mots, quelques chiffres, passa rapidement un buvard sur l'ensemble, souffla pour finaliser le séchage de l'encre noire et tendit le précieux document à Amarande. Le regard de la jeune fille fut immédiatement attiré par la fabuleuse somme : cent millions dc francs ! Le banquier lui signifia que ce chèque pouvait être encaissé de suite, et il reprit :

« Laissez-moi huit jours, madame, le temps d'organiser l'affaire. Pouvez-vous venir me voir à mon bureau, disons, mercredi matin ? Voici ma carte... bien le bonjour madame ! »

Il ouvrit la porte de la voiture et fit signe à Amarande de bien vouloir descendre. Elle obéit, ne prononça pas un mot, et regarda, abasourdie, le véhicule s'éloigner.

Elle ne savait plus que penser de cette affaire. Avait-elle agi avec trop d'empressement ? Oui… sans aucun doute ! Mais une telle offre ne se représenterait jamais sa vie durant !

Peu à peu, Amarande reprenait ses esprits… elle était dorénavant riche, très riche ! Elle pourrait quitter son emploi minable et partir dans le sud de la France, acheter une belle villa à Monaco, avoir à son tour du personnel, fréquenter les milieux mondains, participer aux soirées les plus huppées… devenir enfin quelqu'un, être reconnue et respectée ! À cet instant précis, elle repensa furtivement à Paul.

Après tout, il sera toujours temps de le faire prévenir par la suite et qui sait… Amarande souriait en imaginant sa future vie… puis brutalement… son visage s'assombrit et un nouveau frisson lui parcourut le corps.

Elle repensa à Anatole Carlier, à son regard, à son inquiétant aspect physique, à sa terrible et glaciale voix… et une interrogation l'assaillit : n'avait-elle pas signé un pacte avec le diable ?

Huit jours après, comme convenu, Amarande pénétra dans le hall de la banque Carlier et associés.

L'établissement était situé rue de Rivoli, tout près du Louvre et du jardin des Tuileries.

L'endroit était richement décoré, mais pouvait-il en être autrement d'une banque prestigieuse ?

Face à elle se trouvait la caisse. Le comptoir en bois clair contrastait avec les grilles de protection qui le surplombaient. Un homme, assis perpendiculairement à son bureau, travaillait à compter des liasses de billets. Il ne leva même pas les yeux pour la regarder. D'autres employés plus loin, se tenaient de la même façon. Aucune protection cette fois. Ils ne doivent pas manipuler des liquidités, se dit-elle !

Un homme en costume sombre, debout, passait de bureau en bureau et semblait surveiller le travail des agents. Personne ne s'occupant d'elle, et lassée de cette attente, Amarande finit par s'asseoir sur une banquette de cuir rouge.

Elle se dit en elle-même, que si ces petits employés connaissaient sa fortune, ils s'empresseraient un peu plus pour venir la saluer, lui prendraient son sac et son chapeau et, après mille courbettes, finiraient bien par lui lustrer ses chaussures !

Non, décidément, elle ne mettrait pas un sou dans cette banque de malotrus ! Au bout de dix minutes, la personne qui semblait être le responsable, finit par s'approcher d'elle et lui demanda, poliment, ce qu'elle désirait.

Quand elle eut annoncé que M. Carlier l'attendait, l'individu devint cadavérique, se confondit en mille excuses et la pria de le suivre.

Il l'accompagna à l'étage où la secrétaire particulière de M. le directeur la prit en charge.

Cette dernière alla frapper à une massive porte en bois, rentra, puis revint quelques secondes plus tard, lui faisant signe d'entrer. Amarande pénétra dans la luxueuse pièce. Carlier semblait ridiculement petit derrière son immense bureau. Il se leva, essaya d'esquisser un petit sourire de bienvenue et la fit s'asseoir.

« Comment allez-vous, très chère ? Dans mon empressement à vous convaincre de travailler pour moi, j'ai complètement omis de vous demander votre nom !

— Amarande, monsieur, Amarande Léger !

— Chère Amarande, tout est réglé. Vous avez rendez-vous après-demain dans une clinique privée, située près d'ici, rue Saint-Roch. Là, vous serez accueillie et opérée par le docteur Joseph Constine, chirurgien britannique, pionnier en sa matière. Il va modifier votre nez. Tout s'effectuera sans douleur, n'ayez crainte, Amarande.

Ensuite, un coiffeur et un habilleur vous prendront en charge afin que votre physique soit le plus approchant possible de la personne concernée. Enfin, un professeur de langage vous aidera à acquérir un parler "bourgeois", bien que votre style semble déjà très correct !

— Puis-je savoir qui est cette fameuse personne devant être "remplacée" ? »

M. Carlier sembla hésiter… mais de toute façon, se dit-il, cette fille devait tout savoir afin de jouer son rôle à la perfection !

« Il s'agit de Mme la comtesse Margot de Lescures… »

Amarande se sentit de nouveau blêmir… son cœur recommençait à battre la chamade… non… ce n'était pas possible ! Ce ne pouvait être la femme d'Antoine ? Elle demanda à M. Carlier s'il avait une photographie de cette femme à lui montrer. Il ouvrit un tiroir, sortit un épais dossier et tendit un cliché à la jeune fille. Amarande sentit des larmes d'émotion inonder ses yeux… elle se retint cependant de montrer son désarroi à Carlier.

Sur la photographie, on voyait la comtesse en compagnie de son mari… c'était bien Antoine ! Il avait très peu changé depuis la dernière fois qu'elle l'avait vu. Il semblait heureux.

« Qu'allez-vous faire de son époux ? », se risqua-t-elle à demander… car il est évident que l'on peut tromper bon nombre de personnes avec une petite opération, mais pas un époux !

« Pour ça… aucun problème ! L'époux en question est mort il y a quelques semaines… suicide, semble-t-il ! »

Carlier ne se risqua point à annoncer à cette femme qu'il était l'instigateur de cet assassinat ! Bien qu'apparemment sans cervelle, la demoiselle pourrait comprendre trop tôt le sort qu'il lui réservait l'affaire réglée… et elle pourrait s'enfuir ! Il n'eut que le temps de se retourner brusquement après avoir entendu le terrible bruit ! Amarande gisait là, sur le sol, inanimée, face contre terre. Carlier se précipita vers la jeune fille, non pas pour la secourir… non ! Il voulait juste être certain que son investissement n'était pas endommagé !

Tout allait bien, pas de blessure au visage… l'essentiel était là !

Après tout, si elle voulait faire un somme sur le marbre froid, qu'elle le fasse ! Lui, avait simplement envie d'un bon cigare et d'un vieux scotch ! Sur ces paroles, il saisit sa redingote, l'enfila, prit son chapeau, regarda une dernière fois Amarande et repensa à une citation d'Homère qu'il pensait avoir oubliée :

« Le sommeil et la mort sont des frères jumeaux. » Il sourit et sortit calmement de la pièce, laissant là, la pauvre femme toujours évanouie !

Chapitre IX

Paul et ses amis — Mi-octobre 1882

Paul entrouvrit les yeux. Une douce, mais intense lumière blanchâtre, envoyant mille rayons épars, l'aveuglait. Où se trouvait-il ?

Il tenta de rassembler ses souvenirs... son rendez-vous avec Margot, sa marche sur le bord de mer, cet étrange individu l'interpellant, ce fabuleux coup de matraque, le sac de jute et... cette horrible noyade ! Ces quelques secondes précédant son entrée dans le royaume des morts avaient été terribles !

Paul regarda tout autour de lui, cherchant à faire connaissance avec l'endroit où il se trouvait.

Le lit, dans lequel il reposait, était moelleusement confortable et chaud.

La pièce, de taille raisonnable, sommairement aménagée, baignait dans une douce luminosité.

Aucun bruit ne venait rompre cette quiétude.

Ce n'était pas vraiment l'image que Paul se faisait du paradis, bien qu'il n'y ait que très peu réfléchi auparavant ! Soudainement et sans prévenir, la porte s'ouvrit, laissant entrer un individu.

Impossible de voir à quoi le personnage ressemblait !

Le halo diffus éclairant la pièce ne laissait apercevoir qu'une simple silhouette : l'homme semblait assez grand et portait une barbe. Était-ce Dieu en personne qui venait l'accueillir ? Méritait-il un tel honneur ? Oui… sans doute ! Le Tout-Puissant se rapprocha tout doucement de lui… il allait bientôt découvrir son visage… il se sentait particulièrement privilégié en cet instant et très excité… puis il entendit une voix lui dire : « Paul, mon ami, vous voilà enfin de retour parmi nous ! » Il connaissait cette intonation joviale et rassurante… mais… qui était-ce ? Paul écarquillait les yeux… le professeur Poirier ! Il était donc toujours sur terre, dans le monde des « êtres vivants », les multiples douleurs lui torturant tout le corps en témoignaient ! Avec un mélange de joie et un soupçon de déception, Paul répondit :

« Monsieur Poirier ! Vous ici ! Ah ça ! Mais… allez-vous enfin m'expliquer ?

— Rien de plus simple, mon ami ! Vous vous souvenez sans doute que vos deux camarades nourrissaient de profonds soupçons quant à votre rendez-vous avec la comtesse de Lescures ?

— Oui, professeur, et je m'en veux de ne pas les avoir écoutés, et traités avec autant de dédain !

— Vous leur devez la vie Paul ! Pierre et Aristide ont pris la décision de vous suivre ce soir-là. Ils ont vu votre agression et ces assassins vous jeter dans la mer. Par bonheur, ces voyous, trop sûrs d'eux, ont quitté précipitamment le lieu du crime, laissant à vos deux amis le temps de vous sortir de l'eau. Voyant que vous respiriez encore, bien que toujours inconscient, ils ont pris la sage décision de vous faire porter à mon appartement. Le retour à votre hôtel aurait été une source de risques et de complications ! Vous allez bien, Paul. Vous souffrez, bien sûr, d'un léger traumatisme crânien, heureusement sans conséquence, et de quelques ecchymoses, mais rien d'irréparable !

— Mais enfin… qui a voulu m'éliminer, professeur ? Pensez-vous à une agression gratuite ?

— Pour être franc Paul, je suis en accord avec vos amis. Je pense que vous avez mis, bien malgré vous, le pied dans une sale histoire. Des individus vous en veulent et vous trouvent gênant, au point de vouloir vous éliminer !

— Margot est-elle mêlée à cette affaire ?

— Je n'en sais rien, mais il va falloir que nous rentrions tous sur Paris, et ce, le plus rapidement et discrètement possible. Nous irons consulter ensuite mon grand ami Marcel Rousseau, le chef de la Sûreté. Cette affaire devient trop grave pour que nous poursuivions seuls cette enquête ! »

Quarante-huit heures plus tard, après les avoir chaleureusement remerciés, et leur vouant désormais une éternelle reconnaissance, Paul et ses amis quittaient sans bruit, la principauté de Monaco.

Faisant suite au télégramme envoyé par le professeur Poirier, le chef de la Sûreté faisait parvenir à son tour, une liste de recommandations à suivre afin de ne pas éveiller l'attention : voyager séparés par groupe de deux, prendre des trains différents, habillement et comportement discrets.

Nous étions le 13 octobre. Avant de partir pour Nice, siège de notre première étape, nous établîmes notre stratégie : Poirier et Pierre voyageraient ensemble et partiraient en premier. Ils nous quittèrent donc quelques heures plus tôt et prirent le train qui les emmènerait ensuite vers Grenoble. Aristide et moi faisions de même dès le lendemain. Mon ami s'était affublé d'un beau béret « typiquement français » ainsi que d'une écharpe rouge, peu discrète certes, mais offrant l'avantage de lui masquer partiellement le visage ! Pour ma part, une barbe de quatre jours suffisait amplement à modifier mon apparence physique, et puis, après tout, j'étais considéré comme mort par mes « assassins » ! Nous nous arrangions pour toujours nous installer dans des compartiments vides et fuyions la moindre personne pénétrant dans notre espace vital.

Notre discrétion tant recherchée devait sembler suspicieuse aux yeux des voyageurs rencontrés… nous devions passer pour des dangereux criminels en cavale ! La preuve nous en fut d'ailleurs donnée lors de notre entrée en gare de Lyon.

Gagnés tous deux par le sommeil, nous fûmes réveillés en sursaut par deux fonctionnaires de la « maréchaussée », visiblement peu enclins à la plaisanterie.

Agissant suite à une dénonciation calomnieuse, on nous demandait d'ouvrir nos bagages et prouver notre identité.

La chose effectuée, les agents de l'ordre visiblement satisfaits, nous pûmes poursuivre tranquillement notre voyage. Dans les minutes qui suivirent, je retombai dans les bras de Morphée et, de nouveau, fit un rêve étrange : un individu au teint blafard, cireux, aux yeux creusés et assassins, se forçant visiblement à esquisser un minable petit sourire, me jetait des « madame » par ci et des « madame » par là. S'étendant sur de grandes explications que je n'entendais point, il me remit, au bout de quelques minutes, un morceau de papier qu'il venait d'écrire. C'était un chèque, et l'incroyable somme s'étalait là, en toutes lettres : « cent millions de francs » !

Je me réveillai en sursaut, bouleversé par cette nouvelle révélation et l'éternel hyperréalisme de mes rêves. Je gardais clairement le visage de cet homme en mémoire, espérant pouvoir le faire identifier par les autorités.

Qui était-il ? Quels étaient sa place et son rôle dans mon affaire ?

Aristide dormait encore. Le cœur encore palpitant, j'en profitais pour réunir et analyser l'ensemble des informations révélées au fil des semaines par « mon intuitif sommeil » : un assassinat déguisé en accident… j'en étais intimement convaincu ! Petit à petit, le puzzle se construisait et chaque pièce, progressivement, trouvait sa place. Bien sûr, de très nombreuses zones d'ombre subsistaient… à commencer par l'identité de « ma » victime. J'attendais beaucoup de notre rendez-vous avec le chef de la Sûreté, qui était fixé au 19 octobre, à la première heure.

Si le reste de notre voyage se passait comme prévu, nous allions pouvoir profiter d'un petit délai pour nous ressourcer.

Notre quartier général serait désormais l'appartement du professeur Poirier.

Les habitants du quartier, habitués au défilé de nombreux patients chez le célèbre médecin, ne seraient que peu surpris par nos allers et retours incessants. Le 17 octobre, à dix-huit heures, notre train pénétrait enfin dans la gare de l'Embarcadère de Lyon… nous avions réussi à atteindre Paris !

Après quelques heures de repos, nous étions goulûment restaurés et lavés. Nous prîmes la direction de la Sûreté.

Son directeur nous avait envoyé une voiture pour garantir notre sécurité.

Paris était aujourd'hui, recouvert d'une pluie fine, particulièrement désagréable. Le ciel était chargé et le plafond bas. Je regardais défiler le nom des rues de la célèbre capitale. Après avoir quitté le cabinet du professeur Poirier, nous filions sur le boulevard Saint-Germain, franchissions le pont Sully. Poursuivant notre route sur le boulevard Henri-IV, nous parvenions sur la place de la Bastille.

De là, la voiture prit à droite, franchit rapidement la rue du Faubourg-Saint-Antoine, fit un quart de tour sur la place de la Nation et tourna tout de suite à droite pour rentrer dans le boulevard Diderot, lieu de notre rendez-vous. À peine franchi le porche du numéro seize, les lourdes portes se refermaient sur notre véhicule.

Visiblement, M. Rousseau prenait très au sérieux cette affaire.

Après avoir subi de multiples contrôles, inhérents à l'importance stratégique des lieux, nous fûmes introduits dans le bureau du célèbre patron.

« Ah ! Ce vieux bougre de Poirier ! La barbe toujours bien taillée, le cheveu parfaitement peigné et l'allure merveilleusement soignée… quel diable d'homme tu fais ! Rangez vos femmes, messieurs, le plus grand dandy de la capitale est de sortie ! » Les deux amis se jetèrent dans les bras l'un de l'autre. Une solide relation d'amitié réunissait visiblement les deux hommes.

L'actuel chef de la Sûreté, âgé d'une cinquantaine d'années, avait très fière allure lui aussi : queue-de-pie, gilet de satin ivoire, chemise blanche à col droit et nœud papillon.

Ses cheveux « poivre et sel », sa fine, mais majestueuse moustache noire masquant en totalité sa bouche, son regard sombre et ses traits durs, la façon même, dont il tenait délicatement, mais fermement son cigare… M. Rousseau imposait le respect et chaque ordre donné ne devait susciter aucune discussion de la part de ses subordonnés !

« Comment vas-tu, très cher ami ? lui répondit Poirier.

— J'ai justement reçu le rapport qui nous intéressait [cf. l'affaire du "scandale P", page 55]. L'enquête menée par le ministère de l'Intérieur t'a totalement blanchi. Te voilà donc serein… enfin, pas encore apparemment ! Vas-tu enfin finir par te poser, Poirier ? À peine dégagé d'un souci judiciaire, tu replonges aussitôt dans une sordide affaire ! »

Marcel Rousseau semblait amusé par le don naturel qu'avait son ami à se mettre dans de sales draps.

Reprenant un air grave, il poursuivit :

« Mais nous n'avons pas de temps à perdre, mes amis, racontez-moi en détail votre histoire ! »

Paul prit la parole :

« Voilà monsieur le directeur, tout a commencé lors de mon premier cours de dissection à la faculté de médecine. Le hasard a voulu que l'on me confie le cadavre d'une jeune fille inconnue, découverte quelques heures plus tôt, sur le parvis de l'église Saint-Sulpice. Son corps ne présentait aucune trace de violence, mais juste une marque étrange sur le haut du thorax, s'apparentant à de l'urticaire. Ce corps m'intriguait au plus haut point, et ayant quelques doutes sur le naturel de ce décès, je décidai, peu après, de revenir seul à la faculté, afin de l'examiner en détail. Le cadavre, ainsi que celui d'un homme, justement disséqué par mon ami Pierre, ici présent, venait d'être volé. »

Le directeur, se tournant alors vers Pierre :

« Et vous, monsieur, avez-vous remarqué des traces étranges sur votre cadavre ?

— Le corps qui m'a été confié avait été retrouvé près du quai Saint-Michel, sur les bords de Seine, monsieur. L'homme, inconnu également, devait avoir une trentaine d'années environ. Une forte barbe recouvrait son visage et aucun signe de violence n'était apparent. Je notais bien quelques traces, type griffures, sur son thorax, mais rien de significatif. Le corps a disparu ne me laissant pas le temps de l'examiner en détail. Des signes particuliers cependant : l'homme avait une cicatrice sur la joue droite et les traces d'une brûlure importante sur l'avant-bras droit et sur la face intérieure de sa main gauche.

— Très bien… très intéressant… poursuivez Paul.

— Je pense, monsieur, qu'il est temps de vous parler du phénomène de "mémoire cellulaire"…

— "Mémoire cellulaire" ? Qu'est-ce donc ? Nous naviguons en pleine science-fiction !

— Quelques scientifiques, certes jugés peu crédibles par d'autres, pensent que les cellules, naturellement héritées de notre lignée familiale, nous permettent, via leur mémoire interne, de conserver de nos ancêtres des acquis, des ressentis, des souvenirs de certains lieux et personnes. Pour ma part, les liens du sang ont été artificiellement et accidentellement remplacés par une blessure survenue lors de la dissection de mon cadavre. Depuis, plusieurs rêves hyperréalistes font que je vis littéralement certaines scènes "clés" de l'existence de cette jeune fille décédée. Avec une vision photographique des lieux et des visages, ce "phénomène" nous a permis, bien malgré nous, d'avancer dans notre enquête… au point d'en devenir gênants !

— Si vous n'étiez pas accompagné et soutenu par le professeur, je vous ferais jeter dans un asile ! Tout ça me paraît loufoque, et je n'y entends rien. Nous sommes dans les bureaux de la police ici, et pas dans un salon de thé, s'énerva-t-il. Qu'en penses-tu Poirier ? »

Le directeur de la Sûreté semblait perdre patience face à ses jeunes pseudo-scientifiques. Il lui fallait des faits concrets, des preuves et non pas des rêves, des intuitions et tout un tas d'imbécillités.

« Tout comme toi, j'ai des doutes sur cette théorie. Mais les faits qui se sont déroulés par la suite prouvent que ces jeunes gens sont sur une vraie piste ! Écoute-les, Rousseau !

— Je te fais confiance, "professeur" ! Et puis, après tout… peu m'importe la méthode pourvu que je fasse arrêter ces bandits ! Allez-y, monsieur, résumez-moi la situation clairement ! »

Paul, décontenancé, réunissait ses informations et se lançait :

« Très bien… voici les faits tels qu'ils ont dû se passer : nous "pensons" que le comte de Lescures, fraîchement décédé, a fréquenté notre victime. Cette dernière "a dû" recevoir ensuite, d'un individu encore non identifié, une très grosse somme, au moins un million de francs, pour effectuer une certaine mission. Nous avons également constaté que la victime était le sosie parfait de Mme la comtesse de Lescures, rencontrée par hasard à Monaco. Après m'avoir entendu raconter cette étrange histoire, cette femme me donne un rendez-vous pour dîner le lendemain. En m'y rendant, je suis sauvagement agressé et on tente de m'assassiner ! Sans la présence d'esprit de mes deux amis et le talent médical du professeur Poirier, je ne serais, aujourd'hui, plus de ce monde ! Voilà les faits monsieur, j'espère que tout est plus clair pour vous à présent et que cette histoire vous semble sensée !

— Merci jeune homme. À moi maintenant de vous apporter des informations sur les personnes que vous venez de citer. Mes recherches ont été fructueuses ! Tout ceci relève du "secret-défense", messieurs. La vie du gouvernement est en jeu ! La moindre information que vous pourriez divulguer vous exposerait à une lourde peine et pourrait être juridiquement assimilée à un acte de trahison ! Ai-je été assez clair, messieurs ? »

Devant nos regards effrayés, le directeur comprit qu'il avait été entendu et commença :

« M. et Mme le comte de Lescures sont copropriétaires d'une entreprise d'armement, affaire familiale, depuis plusieurs générations. Les parents d'Antoine, ainsi qu'une employée de maison, sont décédés, il y a quelques années, dans un étrange incendie qui a, en totalité, détruit le château du Haut-Mesnil, demeure ancestrale des de Lescures. Le jeune comte, arrivé par hasard tardivement sur les lieux, n'a rien pu faire pour ces pauvres gens. Il s'est d'ailleurs gravement brûlé à l'avant-bras droit et à la main gauche en voulant leur porter secours. Ayant fait par la suite, entièrement restaurer cette vieille bâtisse à l'identique, Antoine y a englouti une partie de sa fortune. Quand des fonds ont été nécessaires pour développer et redynamiser l'entreprise, le comte s'est trouvé dans l'obligation de rechercher des associés. Entrée en scène d'Anatole Carlier ! Cet individu est réputé dangereux. Son seul objectif demeure l'appât du gain et il est prêt à tout pour y parvenir. Il est l'actuel dirigeant de la banque Carlier et associés, fort respecté en haut lieu, rendant de fait, toute enquête particulièrement épineuse et politiquement risquée ! On le suspecte de plusieurs disparitions étranges, mais nous n'avons jamais eu la moindre preuve pour l'inculper. L'homme est très fort ! Ses trois associés ne valent pas plus cher : Alain Verneuil, de son vrai nom, Adriano Vernucchi, est un ancien mafioso ayant fui son pays après des malentendus avec un "parrain local". Francis Carmet est un petit voyou qui, au sommet de sa carrière, a essayé de trucider un évêque courtisant les jeunes filles et dilapidant les fonds de son évêché… quelles étaient les vraies raisons de cette tentative ? Mystère ! Wilfried Colward est un scientifique australien. Aucun antécédent judiciaire… rien ! Que fait-il avec ces voyous ? Nous commençons tout juste à enquêter afin de découvrir le lien qui l'unit aux autres bandits ! Bref… toute cette joyeuse bande vient de signer un important contrat d'armement avec l'État français. On parle de la somme faramineuse de cinq milliards de francs-or ! L'entreprise, en concurrence avec une société suisse de renom, n'était pourtant pas favorite dans ce dossier. Miraculeusement, et contre toute attente, le ministre de la Marine, M. Maurice Jarré, a changé brutalement d'avis, confiant aux de Lescures–Carlier et associés le juteux contrat ! Le président Devry, prudent et suspicieux, craignant une attaque de l'opposition sur ce dossier et désirant en préparer au mieux la riposte, me confia personnellement l'enquête. Elle fut rapidement bouclée. Après quelques jours de surveillance, d'interrogatoires au sein même du ministère de la Marine, nous apprenions que M. le ministre avait été pris en otage… mais uniquement par… ses sentiments ! Fou amoureux de la comtesse de Lescures, et désirant par-dessus tout obtenir son cœur, Maurice Jarré avait craqué et s'était parjuré ! »

Sortant un épais dossier, M. Rousseau l'ouvrit, fouilla dans une pochette en extrayant une photographie :

« Connaissez-vous cet homme, Paul ?

— Oui ! C'est lui ! L'homme que j'ai "vu" dans mes visions et qui remettait de l'argent à mon inconnue !

— C'est Anatole Carlier, messieurs ! Au vu de vos informations, et connaissant l'homme, il n'est pas impossible qu'il ait fait remplacer, pour je ne sais encore quelle raison, la véritable comtesse par un sosie. Qui avez-vous vu, Paul, sur votre table de dissection et à Monaco ? Margot ? Son sosie ? Qui est aujourd'hui véritablement Margot de Lescures ? »

Le silence s'installa dans la pièce pendant quelques secondes, trahissant notre stupéfaction devant ces terribles révélations et ces surprenantes questions…

« Il est encore bien trop tôt pour faire interroger cette personne, quel que soit son nom, reprit Rousseau. Les preuves sont inexistantes et les risques politiques trop importants ! Regardez maintenant les photos de ses associés, Paul… reconnaissez-vous un de ces hommes ?

— Celui de droite ! C'est l'homme qui m'a tendu ce piège dans lequel je suis ridiculement tombé à Monaco : homme mince, plutôt grand, petite moustache, joues creuses… aucun doute possible… c'était bien lui !

— Tous nos soupçons se confirment ! Carlier est bien un bandit de la pire espèce et ses "pseudo-associés", de vulgaires hommes de main ! Ces gredins sans morale, associés au respectable comte de Lescures… ce dernier s'est lourdement fourvoyé en choisissant ses collaborateurs… et l'a peut-être payé de sa vie ! Venons-en justement à cet homme. »

M. Rousseau reprit sa fameuse pochette… nouvelles photographies :

« Regardez, Pierre, ceci va vous intéresser, je pense que vous connaissez cet homme. Imaginez-le avec beaucoup de barbe ! »

Pierre se redressa d'un bond, arracha le cliché des mains du célèbre patron…

« C'est lui ! C'est l'homme que j'avais sur ma table de dissection et qui a mystérieusement disparu ! »

Visiblement satisfait de l'effet provoqué, le directeur de la Sûreté poursuivit :

« Il s'agit du comte Antoine de Lescures, messieurs ! Notre problème est qu'il s'est officiellement donné la mort au début du mois d'avril dernier et que vous ne l'avez retrouvé sur votre table de dissection qu'à la fin du mois de septembre ! Nous n'avons malheureusement plus aucune preuve que le corps de la faculté était bien le sien, ce dernier ayant été volé… et votre témoignage ne suffira pas, Pierre, j'en suis désolé ! Une seule solution s'impose. L'affaire étant des plus sensibles, et des oreilles indiscrètes pouvant traîner dans les ministères, je vais, si vous le voulez bien, vous missionner officiellement, pour aller exhumer le corps se trouvant dans la tombe du comte de Lescures, car nous avons bien trouvé un corps sur les rives de la Seine, à quelques kilomètres du château ! Avec l'aide de quelques hommes de confiance, vous ouvrirez dans la plus grande discrétion le caveau, ferez les premières constatations, m'en informerez et reviendrez au plus vite sur Paris pour parfaire l'autopsie ! Si, comme je le pense, ce n'est pas le corps du comte de Lescures que vous trouverez, nous pourrons fortement craindre qu'il ait été assassiné. Cette affaire est décidément compliquée et il va nous falloir soulever les problèmes un par un. Je vous remercie d'avance, messieurs, pour l'aide que vous apporterez à votre pays et vous assure personnellement de toute ma gratitude. Je vais de ce pas, préparer les documents officiels pour cette exhumation et organiser votre voyage. Nous nous reverrons donc dans quelques jours. Soyez prudents, messieurs… et surtout efficaces ! »

Les documents promis nous parvinrent dans la soirée.

Le directeur de la Sûreté avait déjà fait prévenir les autorités concernées de notre arrivée et du but de notre mission, leur adjurant de garder la plus grande discrétion.

Nous demandions dans le même temps, une autorisation de mise à la disposition du professeur Poirier auprès de M. le doyen de la faculté de médecine.

Notre nouveau « mentor » insistait dans le courrier joint, sur le fait qu'il se faisait un devoir de nous former personnellement aux sciences anatomiques.

Tout en enquêtant, notre première année pourrait ainsi être validée.

Jamais nous n'aurions pu penser vivre une période aussi intense et excitante en nous inscrivant à ce cursus universitaire ! Nous passâmes tous quatre, une mauvaise nuit, fortement pressés de découvrir ce que nous réservaient les journées à venir.

L'aube naissante, nous embarquions dans une voiture de la Sûreté où nous attendait le lieutenant Vernet, chargé de notre sécurité et responsable des opérations.

L'homme, jeune, ne devait avoir que vingt-cinq ans.

La mâchoire carrée, les épaules larges ainsi que ses nombreux muscles saillants, trahissaient une force de la nature.

En le regardant à la dérobée, je pensais qu'il était préférable d'avoir cet homme comme ami !

Après nous avoir fait un court briefing sur le déroulement des opérations, Vernet, peu enclin aux paroles inutiles ni aux formules de politesse abaissa sa casquette sur ses yeux, et appliqua sa tête sur la vitre du véhicule.

Quelques minutes après, un doux ronflement s'échappa du gosier du jeune policier. Cherchant à faire de même, je repensais, bien malgré moi, aux paroles de M. Rousseau.

Revoyant la jeune femme sur ma table de dissection, je pouvais de nouveau ressentir cet étrange malaise amoureux… quelque chose de familièrement agréable, une douceur connue, un bonheur merveilleux, mais ancien… un sentiment étrange, mais qu'il m'était toujours impossible d'expliquer !

Un détail m'avait inconsciemment frappé en voyant pour la première fois ce corps… qui était-il ? Que me rappelait-il ?

Je savais que l'éclaircissement de ce mystère était primordial, mais ma mémoire me jouait encore un sale tour !

Je repensais également à Margot… ou à cette personne qui voulait se faire passer pour Mme la comtesse de Lescures.

Peu importe qui elle était d'ailleurs, j'étais amoureux d'elle et ne pouvais (ou ne voulais) croire à sa responsabilité dans cette tentative d'assassinat.

J'avais l'impression de connaître cette femme depuis longtemps.

Dès mes premiers échanges avec elle, j'avais ressenti cette aisance naturelle, cette facilité de relation que l'on retrouve chez deux personnes se connaissant de longue date. Je finissais par m'assoupir et me réveillais en sursaut… le lieutenant Vernet me secouait énergiquement l'épaule me signifiant que nous étions arrivés à destination.

Mes amis étaient déjà tous trois dehors, le regard encore endormi, grelottant de froid. Le ciel, chargé d'étoiles, n'était pas illuminé par l'astre lunaire. Pour le discret travail que nous devions accomplir, c'était parfait !

Le cimetière était situé bien à l'extérieur de la petite bourgade. À son entrée, quatre hommes, de noir vêtus, pioches et cordes en mains, nous attendaient. L'équipe, réduite au minimum, pouvait agir en secret.

Seuls, le président Devry, le juge Pauloin, le préfet Casquier, le directeur Rousseau, les quatre hommes du cimetière, le lieutenant Vernet et mes trois amis étaient dans la confidence de l'opération. À l'aide de lampes à pétrole, nous nous faufilions à travers le dédale de pierres tombales.

Je remarquais au passage, une tombe quelque peu originale... un bestiaire. Il représentait un lévrier, au comble du chagrin, allongé sur un énorme coussin, lui-même posé sur le caveau du maître de l'animal.

Je souris bien malgré moi en imaginant un « épousaire » ! On pourrait voir, gisant sur la tombe de son mari, une femme éplorée, dans une position des plus éloquente. Un bon moyen assurément pour augmenter la fréquentation de ces sinistres lieux ! Le groupe s'arrêta. Les faisceaux lumineux éclairaient la pierre tombale qui se tenait devant nous : « Comte Antoine de Lescures — 1855-1882 ».

Avec l'accord officiel du lieutenant Vernet, les quatre hommes, à l'aide de leurs cordes et de leurs pioches, déplacèrent la lourde dalle. Le cercueil en contrebas nous attendait. Après l'avoir hissé, dévissé les écrous le maintenant fermé, les hommes s'écartèrent nous laissant le champ libre.

Aristide, Pierre et moi étions impressionnés et quelque peu effrayés par le sinistre de la situation.

Qu'allions-nous découvrir ? Dans quel état serait le corps ?

Je bénissais en cet instant le ciel d'avoir un maître tel que le professeur Poirier à mes côtés ! Placés à chaque extrémité, nous soulevions puis déplacions le lourd couvercle... l'odeur due à la putréfaction du corps était irrespirable ! Tous, nous fîmes deux pas en arrière et détournèrent nos visages afin de respirer un peu d'air frais ! Reprenant rapidement nos esprits, éclairés par la faible lueur de nos lampes, nous jetions courageusement un regard inquisiteur à l'intérieur de cette terrible boîte : il n'y avait pas un… mais deux corps dans ce cercueil !

Rentrés d'urgence à Paris pour tenter d'identifier ces deux cadavres, nous retrouvions à la morgue le directeur de la Sûreté, M. Rousseau.

Cet étrange bâtiment, ressemblant à un petit temple grec, construit récemment par Haussmann, se trouvait sur la pointe est de l'île de la Cité. Il était devenu, en peu de temps, un lieu très « à la mode » et fréquenté par le Tout-Paris.

Les curieux venaient découvrir, derrière une vitre, les cadavres fraîchement repêchés dans la Seine et en demande d'identification. Installés dans une salle plus discrète, les deux corps retrouvés dans le cercueil du comte de Lescures étaient là, allongés nus sur les tables de marbre noir. Le premier corps était celui d'un homme qui, d'après son état de décomposition avancée, était décédé depuis environ six à huit mois. Le délai correspondait parfaitement avec la date « officielle » de la mort d'Antoine.

Le cadavre était méconnaissable. Ayant séjourné plusieurs jours dans l'eau, il n'avait pu être identifié de prime abord.

La gendarmerie en avait conclu, peut-être trop rapidement d'ailleurs, avoir retrouvé le jeune comte, ne se basant que sur la découverte de ses papiers d'identité et la chevalière surmontée des armoiries familiales.

L'autopsie du corps pouvait commencer. Le décès étant ancien, il était impossible d'apporter la moindre conclusion sur les causes de la mort en se basant sur l'examen externe. Nous devions ouvrir le corps.

Le professeur Poirier, en grand anatomiste, commença son examen par l'étude de la boîte crânienne et du cerveau.

À part le visage écrasé, vraisemblablement dû aux chocs répétés dans le fleuve, aucun fait notoire.

Il poursuivit en pratiquant une incision longue partant du menton jusqu'aux organes génitaux de la victime.

La cage thoracique apparue dans sa globalité, laissant apparaître une multitude d'organes. Les côtes furent sectionnées afin d'atteindre le foie, la rate, le pancréas, l'estomac, les reins, les intestins, le cœur et les poumons. En étudiant ces derniers, le professeur Poirier découvrit, à sa grande surprise, l'absence d'eau dans les alvéoles pulmonaires. Le suicide par noyade ne tenait plus ! Désirant définir l'âge approximatif du cadavre, nous disséquions l'articulation coxo-fémorale ainsi que celle du genou.

L'examen détaillé des cartilages articulaires, de la tête du fémur, de la trochlée fémorale et du plateau tibial était sans appel.

Pour le professeur Poirier, l'individu devait avoir entre cinquante-cinq et soixante-cinq ans, mais ne pouvait en aucun cas prétendre être âgé de vingt-sept ans ! La conclusion était simple : le corps repêché sur les bords de Loire en avril dernier n'était pas celui d'Antoine de Lescures ! Le directeur de la Sûreté avait sa preuve : le comte n'était pas mort en avril comme officiellement annoncé, mais, d'après le témoignage sans appel de Pierre, à la fin du mois de septembre.

Qui avait intérêt à faire croire au décès prématuré de cet homme ? Nouvelle question à laquelle il faudrait répondre !

Le second corps était celui d'un homme âgé décédé il y avait environ deux mois, soit, approximativement à la fin du mois de septembre. Son visage était également méconnaissable, car excessivement boursouflé. Le corps comportait de nombreuses traces encore visibles d'urticaire géante. L'examen interne du cadavre ne mit que deux choses en évidence. Primo, la rotule droite était détruite. L'accident devait remonter à l'enfance. Secundo, le cœur — fait encore jamais rencontré par le professeur Poirier — s'était arrêté en phase systolique, soit en contraction ! L'éminent médecin concluait son rapport en suspectant un empoisonnement par venin, pouvant expliquer les traces de réactions cutanées importantes, et cet improbable arrêt cardiaque.

Monsieur Rousseau, toujours présent, et grâce à une connaissance parfaite de ses dossiers, émit la supposition que ce corps pouvait être celui d'Anatole Carlier. Les faits étaient, il est vrai, troublants : les agents chargés de sa surveillance depuis les disparitions successives de trois hommes d'affaires, ne l'avaient plus revu quitter son domicile parisien depuis huit semaines. La fiche de renseignements personnels, fruit d'une étude approfondie de la vie de M. Carlier, indiquait qu'alors jeune homme, il s'était fait bousculer par un cheval et avait eu la rotule droite détruite. Le directeur de la Sûreté demanda sur le champ au juge Pauloin, responsable de l'instruction de ce dossier, l'autorisation de perquisitionner le domicile parisien d'Anatole Carlier et de lancer un mandat de recherche.

M. Rousseau se dit alors que si le corps était bien celui de cet homme, le pire des bandits n'était pas celui auquel il avait pensé… M. Carlier avait, semble-t-il, trouvé plus fort que lui !

Chapitre X

Antoine, Margot et Amarande — Quelques semaines plus tôt

Antoine de Lescures était né le 5 juin 1855 au château du Haut-Mesnil, demeure familiale depuis maintenant plusieurs générations.

Fils cadet d'un comte et d'une comtesse propriétaires d'une fabrique d'armes prolifique, son avenir était tout tracé. La luxuriante bâtisse avait été édifiée sur les terres de l'ancien comté administré par sa famille, en 1755, sous le règne de Louis XV.

Situé à Sainte-Honorine, il fut l'un des seuls châteaux de la couronne parisienne qui survécut aux tumultes de la Révolution française. Construit sur les fondations d'une ancienne maison de campagne, on y pénétrait par une magnifique cour d'honneur, entièrement recouverte de pavés. La façade, particulièrement raffinée, comportait des mascarons en terre cuite et des balcons en fer forgé. Dans le hall d'entrée, tout de marbre recouvert, un double escalier en colimaçon doté de très belles rampes en ferronnerie, donnait accès à un long couloir, desservant quatre grandes chambres. Ces dernières, immenses, recouvertes d'un parquet à panneaux Versailles, comportaient toutes une petite cheminée en marbre blanc, surmontée d'un grand miroir encadré de bois clair. Au rez-de-chaussée, un immense salon, orné de boiseries sculptées et dorées faisait la fierté de la famille de Lescures. Là se tenaient les réceptions prestigieuses et démesurées dont étaient friands les ancêtres d'Antoine.

Une luxuriante salle à manger pouvant accueillir une trentaine de convives, la bibliothèque attenante, aux multiples rayons, faisant office de bureau pour son père. Cette pièce était fréquemment le siège des conseils de famille, réunions collégiales où de grandes décisions se prenaient, des grandes annonces, faites. Le jeune homme et son frère aîné ne furent jamais scolarisés. Le comte de Lescures préférait avoir ses fils près de lui et pouvoir ainsi, surveiller de près leur éducation.

Six années séparaient Antoine d'Arnaud. Cet aîné, certainement trop choyé, était un être particulièrement timide et renfermé. S'exprimant peu, il aimait s'ébattre dans les grands jardins de la propriété familiale avec son jeune frère.

Déjà fort complexé par un physique peu avantageux, son caractère introverti se transformait quand il se battait. Adorant les jeux d'armes, comme tous ses ancêtres, Arnaud eut le malheur, un beau jour, de blesser grièvement son cadet. Jouant avec une lourde épée de bois, il frappa lourdement et à plusieurs reprises Antoine à la tête. Voyant ce crâne fendu sur une vingtaine de centimètres, ce sang noir et épais se répandre, puis la perte de connaissance, Arnaud, pris de panique, s'enfuit à travers bois. On ne retrouva le jeune homme que quarante-huit heures plus tard… grelottant de peur et de froid. La sanction du comte fut sans appel : son fils, alors âgé de seize ans, aimait se battre ? Il ferait une carrière militaire, où il pourrait, à bon escient cette fois, mettre à profit ses violentes aptitudes !

Placé dans une compagnie de cavalerie, il quitta définitivement le château en avril 1865.

Ces années de solitude furent particulièrement difficiles pour Antoine. Son frère lui manquait terriblement et il se sentait en partie responsable de la lourde décision prise par son père. Sa mère lui en tenait d'ailleurs rigueur et il ne se passait pas un jour sans qu'elle ne lui fasse une cruelle réflexion ou ne le punisse pour un rien. La vie d'Antoine était devenue un enfer au quotidien. Il s'échappait loin de cette femme dès qu'il le pouvait, travaillant ses cours et arpentant l'usine familiale. Accompagnant son père, l'observant religieusement, il apprenait son futur métier de dirigeant. Les années passaient, s'écoulant au rythme des saisons, toujours insipides, fades, ennuyeuses, jusqu'au jour où, faisant suite au départ d'une employée de maison, le comte de Lescures embaucha, sur recommandation, une femme et sa fille. La jeune demoiselle, un peu plus jeune que lui, s'appelait Amarande. Il tomba immédiatement amoureux de la belle, qui le lui rendit bien ! Antoine était heureux… comme il ne l'avait plus été depuis des années. Il passait le plus clair de son temps avec elle, lui racontant de merveilleuses histoires, récitant de langoureux poèmes, lui offrant de multiples petits cadeaux. La demoiselle était conquise ! Un baiser en entraînant un autre, Amarande vint le voir un beau matin dans sa chambre pour lui annoncer qu'elle était enceinte. Tout en retenue, angoissée, le regard plongé vers le sol, elle ne savait comment réagirait le jeune homme. Quand Antoine, après quelques secondes, laissa éclater sa joie, la demoiselle sembla surprise et se lança dans ses bras ! Il s'empressa de la demander en mariage, lui annonçant, droit dans les yeux, qu'un de Lescures ne fuirait jamais ses responsabilités. Amarande acceptant l'offre généreuse, il alla voir son père, lui priant de réunir le conseil de famille. Rassemblés dans la bibliothèque, annonçant joyeusement et fièrement la nouvelle au comte, il reçut par retour express, une formidable gifle qui le fit tomber. Effondré par cette réaction inattendue venant d'un homme qu'il respectait et prenait pour exemple, Antoine eut le temps, avant de s'éclipser, d'apercevoir le majestueux et provocant sourire de sa mère… La diablesse était aux anges… mais elle irait certainement bientôt en enfer !

Il ne revit plus Amarande pendant des jours. Se décidant à aborder le sujet avec la mère de la jeune fille, peu causante depuis l'annonce de cette grossesse, elle lui déclara froidement qu'un avortement avait été pratiqué en urgence et que la demoiselle devait fuir dans les prochains jours le château, à la demande expresse de M. le comte. À cet instant, il se promit de partir avec Amarande, le seul et véritable amour de sa vie ! Au préalable, Antoine devait passer l'après-midi à sa leçon hebdomadaire d'équitation. Il se promit d'aller voir son père dès son retour pour lui dire sa façon de penser, qu'il désirait quitter le château avec sa bien-aimée, abandonnant du même coup sa charge et ses futures obligations professionnelles. Et peu importe s'il devait encore recevoir une correction… il ne pouvait plus vivre avec ces personnes… ces assassins… ces êtres abjects !

De retour vers le domaine familial avec sa belle jument robe couleur souris, il aperçut de loin, un énorme panache de fumée. Accélérant l'allure, il arriva dans la cour d'honneur au grand galop. Le toit de la bâtisse commençait à s'effondrer par endroit. Les flammes avaient déjà envahi l'ensemble de la vieille demeure. Il entendit un hurlement… il provenait de la bibliothèque. À travers les barreaux de fer, il vit sa mère hurler de douleur en sentant son corps bouillir. Antoine la toisa froidement. Pas une expression ne venait trahir ses sentiments. Il la regarda mourir lentement et se dit : « les flammes de l'enfer ont commencé à vous laver, Mme la comtesse… bien le bonjour à Belzébuth… votre désormais Maître ! »

Songeant tout à coup à Amarande, il bondit vers la grande porte du château. Il rentra et gravit prestement l'escalier. Parvenu sur le long couloir, il poursuivit son ascension vers les chambres des employées à l'étage supérieur. Arrivé, il défonça la fine porte d'un fort coup de pied. Un puissant retour de flammes, semblable à une explosion le projeta brutalement contre un mur. La manche de son manteau brûlait. Prenant soudainement conscience, du danger, il l'agrippa avec sa main opposée et réussit à l'ôter. Brûlé grièvement à l'avant-bras droit et à la main gauche, Antoine constatait qu'il ne pouvait plus rien faire pour les malheureuses. S'enfuyant rapidement, il quitta la demeure à présent quasiment détruite.

Les secours arrivaient. Bien plus tard, l'énorme incendie éteint, les sapeurs-pompiers du canton dénombrèrent trois victimes : M. et Mme le comte de Lescures et une employée de maison, Ferdinande Léger. Qu'était devenue Amarande ? Elle avait dû s'enfuir peu de temps avant le déclenchement du feu. Comment la retrouver ? Le voulait-elle seulement ? Elle n'avait, en effet, aucunement cherché à le revoir depuis l'annonce de sa grossesse. Et lui… le désirait-il ? Antoine, fataliste, décida de s'en remettre au destin. Si leur route devait de nouveau se croiser, alors il en serait ainsi !

Reprenant courageusement l'affaire familiale, Antoine apprit un mois après que son frère aîné, Arnaud (d'ailleurs absent à la sépulture de ses parents), venait de mourir.

D'après les témoins de l'accident, il s'était précipité avec son cheval, dans un profond ravin.

L'animal s'était-il emballé ? Le jeune homme, perturbé par le brutal décès de ses parents, s'était-il suicidé ? Nul ne savait ni ne saurait !

Désormais seul, le nouveau comte de Lescures se jetait à corps perdu dans le travail. Désirant fortement développer l'entreprise familiale, il voyagea à travers toute l'Europe à la recherche de nouveaux contrats.

En séjour à Londres, il devait participer à un dîner d'affaires avec lord Pudwark et sa fille Margot.

L'homme, « *Defence secretary* », étudiait la possibilité de confier un petit contrat d'armement à l'entreprise française. Aux vues des rivalités qui s'installaient entre l'Empire britannique et la France concernant la politique coloniale en Afrique, Antoine, n'espérait rien ! Et pourtant… son étrange destinée allait lui réserver de nombreuses surprises !

En découvrant, ce soir là, Mlle Pudwark, Antoine crut voir un fantôme… celui d'Amarande !

La jeune Britannique était l'exacte réplique de son grand amour : même couleur de cheveux, même regard enjôleur, même sourire charmeur… même physique ravageur ! Seule différence notable : la forme de son nez ! Margot avait, en effet, un charmant petit nez retroussé, qui lui donnait un air enfantin et coquin ! Antoine, à cet instant, était déjà amoureux fou de la jeune femme. Après l'avoir fréquentée quelque temps et conquise, le jeune

comte de Lescures demandait promptement sa main à lord Pudwark. Ce dernier, fort heureux de cette union européenne avant-gardiste, accepta. La cérémonie religieuse fut célébrée en l'église anglicane de Saint George's Hanover Square, près d'Oxford Circus, à Londres, lieu privilégié par la « haute société » pour ses mariages. Hélas, le bonheur d'Antoine fut de courte durée ! Quelques semaines seulement après leur union, alors qu'ils habitaient encore Paris, rue Bonaparte, il eut le malheur de l'appeler « Amarande » ! entrant dans une colère folle, la comtesse, se saisit d'objets à sa portée, les envoyant tour à tour en direction de son indigne et étourdi mari. Elle finit par le blesser. Son objectif atteint, satisfaite, elle partit se réfugier dans sa chambre. La joue ouverte sur plusieurs centimètres, visiblement bousculé dans ses convictions, Antoine ne savait plus que faire…

Ayant prévenu un vieil ami de la famille, M. le député Gasnier contactait discrètement à son tour son ami, le docteur Poirier, qui vint soigner le jeune homme.

Margot, adopta par la suite, un comportement schizophrénique, mélangeant le réel et l'irréel, tenant parfois des discours délirants, se montrant régulièrement violente et maladivement jalouse. Faisant preuve d'une turpitude et d'un talent théâtral rare, rien de cette folle attitude ne transpirait quand elle était en public. Faisant, au contraire, bonne figure envers ses invités, les choyant, leur réservant le meilleur accueil, la comtesse de Lescures eut rapidement la réputation d'être l'hôte la plus parfaite du Tout-Paris. Antoine était de nouveau malheureux, et ne supportait plus de vivre à l'étroit avec cette femme qu'il craignait de plus en plus. Margot le suppliciait, surveillant ses conversations et courriers, le suivant dans tous ses déplacements, participant à toutes ses réunions d'affaires… il étouffait… il lui fallait de l'air… de l'espace !

Prétextant l'absolue nécessité d'avoir une propriété digne de leur rang, il réussit à convaincre sa femme de faire reconstruire à l'identique le vieux château du Haut-Mesnil. Y investissant des millions de francs-or, les de Lescures se trouvèrent rapidement dans l'impossibilité de poursuivre — le pourtant indispensable — développement de leur entreprise. Pris à la gorge, ils durent ouvrir leur capital et signèrent un accord de collaboration avec la banque Carlier et associés.

Percevant rapidement qu'il avait à faire à de véritables gangsters, capables de tout pour se saisir de son entreprise, Antoine se méfia et fit signer un document stipulant que sa femme hériterait de ses parts majoritaires s'il devait lui arriver malheur. Cela n'empêcherait peut-être rien, mais ferait probablement réfléchir à deux fois les bandits !

Un juteux appel d'offres d'une valeur de cinq milliards de francs-or fut, par la suite, déposé par le gouvernement français. Carlier exigea que tout soit fait pour obtenir ce mirobolant contrat. Ayant appris par différentes et obscures sources qu'une entreprise suisse était en passe de décrocher l'énorme commande, le banquier vint menacer ouvertement de mort le comte de Lescures, s'il n'arrivait pas à convaincre sa femme de céder aux avances ridicules du ministre de la Marine, seul responsable du choix final ! Antoine, peu habitué aux magouilles et manipulations gangstériennes, finit par en parler à Margot.

S'étant aperçue que l'un des associés de Carlier, Wilfried Colward, n'était pas insensible à son charme, elle se proposait de jouer de cet avantage pour lui soutirer quelques informations stratégiques. Afin de détruire son ennemi, il fallait d'abord commencer par le connaître ! Margot savait y faire avec les hommes, et obtint rapidement ce qu'elle désirait. L'information était terrifiante et glaciale : Carlier venait de donner l'ordre de faire disparaître Antoine ! Elle élabora seule un plan diabolique qui se déroulerait en deux étapes.

Premièrement, manipuler et détourner habilement les trois associés de Carlier afin qu'ils travaillent pour elle : la chose fut des plus simples ! Ces imbéciles, trop fiers et aveugles pour ne nullement s'étonner qu'une femme comme la comtesse de Lescures puisse s'intéresser à eux, tombèrent à ses pieds. Moyennant également la promesse d'une très forte récompense, il fut établi qu'ils devraient lui fournir tous les renseignements nécessaires pouvant l'intéresser. Le cœur et l'argent feront toujours tourner le monde, pensa-t-elle.

Deuxièmement, faire croire au banquier qu'Antoine avait bien été assassiné et mettre ce dernier à l'abri : les trois escrocs, nouvellement à la solde de Margot, trouvèrent facilement un corps. Ils avaient l'habitude de « travailler » avec le préposé aux salles de dissection de la faculté de médecine de Paris. Pour faire disparaître « officiellement » et proprement le corps des personnalités gênantes, ils avaient eu cette idée simple et ingénieuse : après avoir enlevé ces hommes indésirables, mais connus, les bandits les laissaient macérer une huitaine de jours en cachot afin qu'ils puissent ressembler à de vrais clochards. Leur offrant par la suite, un bain mortel avec les *Chironex fleckeri* de Wilfried, ils les habillaient de hardes et les abandonnaient dans les rues de Paris.

Les forces de l'ordre trouvant ces cadavres de sans-abri, décédés (en apparence !) de mort naturelle, sans identité, ne ressemblant à rien ni à personne, entérinaient le dossier et faisaient don des corps à la science, comme il en était coutume. Le préposé entrait ensuite en action. Chargé de rendre rapidement inidentifiables ces corps, il devait influer sur les étudiants en médecine afin que leur travail de dissection commence par le cerveau.

Manœuvrant maladroitement, dans un état de malaise constant, les jeunes hommes massacraient consciencieusement ces visages et corps qui leur étaient confiés. Après quelques semaines d'étude, les cadavres encombrants disparaissaient dans la nature en petits morceaux, dans la plus grande discrétion. Plus de corps, plus de preuves ! Impossible de remonter jusqu'à l'honorable M. Carlier... du bon travail, assurément !

Après avoir donc trouvé un de ces corps, et quelque peu « arrangé » le visage, le rendant méconnaissable, ils l'avaient affublé des vêtements, des papiers et de la chevalière de M. le comte.

Faisant suite à un court séjour dans les eaux de la Seine, les enquêteurs trouvaient un cadavre et, vu les preuves, concluaient, en toute logique, avoir retrouvé Antoine de Lescures activement recherché. En ce même temps, le véritable comte était mis en lieu sûr. Rachetant à un bon prix le contrat de l'homme de main de Carlier devant faire office de serviteur à l'appartement parisien de la toute récente veuve, Antoine s'affublait d'un postiche et se laissait pousser la barbe. Ainsi transformé, il pouvait se protéger, et aussi anticiper les sales coups qui, incessamment, ne manqueraient d'arriver ! Il n'eut pas longtemps à patienter ! Quelques jours seulement après être arrivée sur Paris, Margot reçut la visite d'Anatole Carlier.

Les éclats de voix passés, l'homme d'affaires, livide, demanda en passant près de son supposé complice, à s'entretenir urgemment avec lui. Les paroles entendues alors par Antoine lui glacèrent le sang :

« Je suis monsieur Carlier, votre patron.

— Je sais qui vous êtes, monsieur.

— Mes associés m'ont assuré que vous étiez un homme de confiance.

— Je le suis, monsieur.

— Nous ne nous sommes pas déjà rencontrés ? Votre visage ne me semble pas inconnu !

— Je ne le crois pas. Je m'en souviendrais, monsieur !

— Ah ? Peu importe ! Surveillez de très près cette garce, si elle cherche à prévenir les autorités ou à s'enfuir, liquidez-la. De toute façon, ma décision est déjà prise en ce qui la concerne !

— Mais monsieur, c'est une personne influente, sa disparition va forcément éveiller les soupçons !

— Si cette grande dame me laisse quelques semaines, il n'y aura pas de problème… là où il existe une solution… Anatole Carlier la trouve, soyez prêt. »

Antoine s'empressa d'avertir Margot du danger imminent qui la guettait. Devant la nouvelle, elle resta étonnamment calme et stoïque.

« Carlier a déjà franchi la ligne rouge en projetant de t'éliminer Antoine ! Il devient de plus en plus encombrant et dangereux. Il va falloir que nous nous en débarrassions ! Mais avant cela, attendons de voir ce qu'il va manigancer, et qui sait, son plan nous sera peut-être utile.

— Mais ma chérie, cet homme est célèbre dans son milieu… on va s'étonner ?

— Tu crois vraiment que ce bandit va manquer à quelqu'un ? Cet homme est seul au monde et il a de très nombreux ennemis. Nous allons rendre là un fier service au Tout-Paris des affaires ! »

Margot effrayait de plus en plus Antoine. Son comportement glacial, ses réactions brutales, son agressivité maladive… non, décidément, il ne connaissait absolument pas cette femme. Il avait désormais pleinement conscience d'avoir uniquement succombé à son physique, et non à son âme. Il était toujours amoureux d'Amarande et n'avait jamais cessé de l'être ! Cet amour avait survécu au travers de la saisissante ressemblance physique qui unissait les deux femmes, mais les points communs s'arrêtaient là. Elles étaient radicalement différentes l'une de l'autre. Amarande était simple, douce, discrète, compréhensive et toujours d'humeur enjouée. Margot elle, était hautaine, agressive, tout en excès, très changeante, elle pouvait, en quelques minutes, vous embrasser tendrement et, sans prévenir, vous poignarder. Antoine, désormais, la haïssait, mais la craignait trop pour la quitter. Tout se précipita lorsque Carlier le recontacta :

« Ça y est, tout est prêt. Vous allez droguer cette chienne dès ce soir avec ce produit. Vous l'amènerez ensuite rue des Carrières, le long du canal Saint-Maurice, à Conflans. Là, mes associés se débarrasseront d'elle proprement et nous pourrons remplacer ce diable de femme par une douce comtesse, obéissante et coopérante à souhait ! »

L'homme était visiblement au comble du bonheur !

Il avait trouvé la solution idéale et était désormais certain de pouvoir signer son mirobolant contrat avec ce ministre crédule et influençable.

Les de Lescures disparus, il ne resterait que lui et ses associés…

« Vous avez trouvé une "remplaçante" à la comtesse ? Comment aviez-vous fait ? La ressemblance ne peut être parfaite ?

— Ah ! Ah ! Vous verrez. Vous vous laisserez prendre. Un vrai sosie ! »

Quelques jours plus tard, Carlier recevait le message attendu de ses complices : « Margot de Lescures n'est plus… la nouvelle comtesse peut entrer en scène ! »

Amarande était prête. La rhinoplastie, les petites retouches esthétiques et vestimentaires l'avaient transformée. Elle ne se sentait pas pour autant différente, mais telle une actrice après un lourd travail, elle s'apprêtait à se glisser dans la peau d'une autre… et quelle autre : la comtesse de Lescures !

Étant plus jeune, encore au service de cette famille, elle avait longuement rêvé devenir la future femme d'Antoine. La vie en avait malheureusement décidé autrement, et Amarande s'était vue dans l'obligation de commettre des choses horribles. Elle ne se sentait pas pour autant coupable de ces exactions et avait agi en justicière. Sa main avait déclenché le feu purifiant, lavant cet homme et ces femmes, de tous leurs péchés. Elle s'était à maintes reprises repentie et avait prié pour obtenir l'absolution. Dieu la lui avait donnée… la preuve, il venait de lui confier le rôle qu'elle aurait dû légalement tenir, tout en devenant extrêmement riche. On ne gâte pas ainsi une personne qu'on déteste… Dieu l'aimait… elle le savait !

Anatole Carlier lui avait bien expliqué sa mission : elle devrait aller au ministère de la Marine, y rencontrer Maurice Jarré, responsable de cette charge. Séduit et amoureux depuis fort longtemps de la comtesse de Lescures, il la recevrait en urgence et à bras ouverts. Elle devrait subtilement lui faire comprendre qu'elle était prête à recevoir son amour, l'inviterait à dîner en son appartement, et devrait certainement lui donner son corps. Cette pseudo-histoire passionnelle devrait durer quelques semaines, temps nécessaire pour que le ministre de la Marine désigne officiellement l'entreprise française comme obtentrice du fabuleux contrat d'armement !

À la mi-septembre, comme le plan le prévoyait, elle se présenta au ministère… comme prévu, M. Jarré la reçut immédiatement, succomba promptement à son irrésistible charme et accepta de dîner avec elle dès le lendemain soir ! Amarande se rendit le matin même, et pour la première fois, à l'appartement des de Lescures. Elle appréhendait de pénétrer dans ce lieu où avaient vécu Antoine et sa femme et avait tout fait pour retarder cette échéance. Une pointe de jalousie l'étreignait malgré tout en pensant à Margot. Cette femme avait eu la chance qu'elle aurait dû avoir !

Le souvenir d'Antoine restait douloureux. Ses sentiments à son égard étaient ambigus, elle l'avait aimé, certes, mais pas autant que son premier grand amour, Paul Le Pellay ! Quelque part, elle le haïssait même.

Ses horribles parents, ce cauchemardesque avortement, cette disgrâce du château ! Antoine ne l'avait pas soutenue dans ces terribles moments, et n'avait jamais cherché à la revoir. Amarande, il est vrai, avait fui sans aucune explication. Et quand bien même, comment aurait-elle pu justifier l'assassinat du comte et de la comtesse ? Ces gens leur avaient fait grand mal certes, mais Antoine aurait-il approuvé son geste ? Elle en doutait. Amarande se ressaisit, la page était tournée, il fallait à présent avancer, aller vers cette nouvelle vie qui l'attendait. Elle y était.

Sonnant à la porte, elle entendit les pas du domestique à la solde de Carlier s'approcher... la clé tourna bruyamment dans la vieille serrure, la porte s'ouvrit... Antoine ! Ils se reconnurent immédiatement l'un, l'autre, malgré leurs efforts respectifs pour changer d'aspect physique ! L'enlaçant, pleurant à tout va, l'embrassant à corps perdu, Amarande, entre deux sanglots, réussit à lui dire :

« Antoine, mon amour, toi ici, vivant.

— Mon ange, tu es toujours aussi belle ! Jamais je n'ai cessé de t'aimer... jamais ! Je suis si heureux... je n'arrive pas à y croire, même si j'ai toujours secrètement espéré que le destin nous réunisse à nouveau !

— Mais… je… pourquoi ce changement d'apparence ? Pourquoi t'être fait passer pour mort ?

— C'est une très longue histoire ma chérie… sache seulement que j'ai été contraint de prendre des associés qui se sont avérés être de dangereux criminels, prêts à tout pour s'emparer de mon affaire. Leur chef, un certain Carlier, que tu connais, a donné l'ordre de me faire disparaître. M'ayant fait passé pour mort, me déguisant et me glissant dans la peau d'un de ses agents au service de la comtesse, il m'apprenait ensuite vouloir éliminer ma femme. Elle serait remplacée par un sosie, chargée de convaincre le ministre de la Marine de signer un fabuleux contrat avec nous.

— Mais quels sont vos plans à présent ? Comment allez-vous sortir de ce pétrin ?

— Margot a décidé de se débarrasser de Carlier. Cet homme compte des dizaines d'ennemis prêts à l'éliminer. Sa disparition ne provoquera que très peu de remous ! Puis, le contrat signé, je réapparaîtrai au grand jour, prétexterait qu'après avoir découvert un corps mutilé, l'idée de fuite m'était apparue. J'avais alors décidé de revêtir le cadavre de mes biens et m'enfuir ! Mais, voilà… comment aurais-je pu prévoir ce moment ? Te revoir me bouleverse, je ne sais plus que penser, que faire, que va-t-on devenir ma chérie ?

— J'ai une mission à remplir… il faut, par n'importe quel moyen, que je réussisse à faire signer ce contrat par le ministre. Grâce à cela, tu retrouveras ta richesse et ton entreprise ! M. Carlier a commencé à me rétribuer très largement pour cette mission. La totalité de la somme versée, je dois ensuite quitter Paris !

— Tu ne vas pas encore t'enfuir ma chérie ? Je ne veux plus te perdre ! Je t'aime et ne veux plus te quitter… tu es ma vie, Amarande… ma vie !

— Tu as une femme que tu aimes Antoine…

« — Non ! Cette femme est une inconnue pour moi… elle me fait peur, prend des décisions effrayantes, avec un sang-froid terrible ! C'est toi que j'aime, que j'ai épousé à travers elle, toi ! Enfuyons-nous ensemble, mon amour, partons loin, très loin.

— Tu es sûr ? Tu es prêt à tout abandonner pour moi : ta femme, ton entreprise, ta propriété, ton titre ?

— Oui, mon amour, tout ! »

Amarande et Antoine s'enlacèrent à nouveau, s'embrassant comme au premier jour, s'aimant comme jamais.

« Voilà ce que nous allons faire mon amour : tu dois d'abord remplir ta mission. Le contrat signé, tu pourras toucher l'autre moitié de la somme que Carlier t'a promise. Je vais essayer de convaincre Margot d'attendre encore quelques jours avant de se débarrasser de lui. L'argent obtenu, nous nous enfuirons ensemble ! Moi… je suis officiellement mort et enterré… toi… tu es Margot de Lescures… encore pour quelques jours. Ensuite, tu redeviendras mademoiselle Léger, jeune fille sans histoire, presque sans passé ! »

Amarande et Antoine, toujours dans leur bonheur retrouvé, passèrent tout l'après-midi de cette belle journée corps contre corps, à s'aimer, rêvant à leur vie future…

Ils vécurent heureux et eurent beaucoup d'enfants ? Non ! Oubliez cette maxime ! Le destin leur avait réservé une tout autre fin…

Quand Margot rentra dans son appartement cet après-midi-là, elle ne se doutait pas un seul instant de ce qu'elle allait y trouver !

À peine franchi le seuil, elle entendit indistinctement des petits râles, qu'elle ne put tout d'abord identifier. Suivant, tel un chien d'arrêt, l'énigmatique piste, elle approcha à pas feutrés de son ancienne chambre à coucher. L'oreille collée à la porte, elle perçut un discours qui lui sembla irréaliste :

« Hum ! Je t'aime ma chérie… je n'ai jamais été aussi heureux qu'aujourd'hui ! Embarqué dans une affaire horrible, je me retrouve au lit avec le sosie de ma femme ! Je n'ai même aucune mauvaise conscience à la tromper ! À dire vrai… c'est toi que j'ai cru tromper pendant toutes ces années !

— Antoine, mon Antoine chéri, comme tu m'as manqué ! Tu me jures que dorénavant, on ne se quittera plus ? Jure-le-moi !

— Je te le jure mon ange ! Mais, permets-moi d'abord une question : tout à l'heure, tu m'as appelé, par mégarde "Paul", qui est-ce ?

— Non ? Ne t'inquiète pas, mon amour, il s'agit de Paul Le Pellay, mon cousin et mon premier véritable amour. Nous ne nous sommes plus revus depuis une bonne dizaine d'années. J'ai appris par hasard qu'il était étudiant en médecine à Paris, et habitait tout près d'ici. C'est d'ailleurs en revenant de son appartement où j'ai trouvé porte close que j'ai, par mégarde, bousculé ce M. Carlier ! Le destin est parfois plein de surprises ! »

Margot était folle de rage, mais elle ne pouvait agir sur l'instant. Il fallait réfléchir aux tenants et aux aboutissants, rester calme. Elle prit sa voiture, se fit conduire à Conflans, rencontrer ses trois nouveaux associés.

« Bonjour, messieurs, nos affaires se compliquent, il va falloir agir avec méthode et discipline. Premièrement, dès ce soir, vous kidnapperez Carlier et le séquestrerez dans la cave. Vous agirez comme à l'accoutumée : quelques jours de cachot et dans la cuve ! Secondement, nous attendrons ensuite que "mon double" fasse son petit effet auprès du ministre de la Marine. Dès que le contrat est signé… vous vous emparerez de cette "actrice" et… de mon mari ! »

Surpris par cette étonnante directive, Francis Carmet prit la parole :

« Votre mari, madame la comtesse ? Mais, il devait réapparaître, l'appel d'offres attribué. Pourquoi vouloir le…

— Assez ! »

La comtesse, en pleine crise de paranoïa, saisit un pic en métal et s'avança, menaçante, vers les trois hommes effrayés.

« Suffit ! Vous êtes bien tous les mêmes. Dès qu'un homme trompe sa femme, il devient automatiquement un héros. Vous me dégoûtez ! Obéissez-moi et cessez de réfléchir ! Plus de questions ! Plus de remarques ! Agissez… ou il vous en coûtera ! »

Désirant par-dessus tout calmer cette folle, les compères reprirent ensemble un air docile.

« Bien, madame la comtesse, il sera fait selon votre bon vouloir ! »

Margot se calma. Ses yeux retrouvèrent leur place au fond des orbites, sa bouche reprit sa douce forme angélique et son visage se reteinta de sa belle blancheur, abandonnant le rouge colérique. Elle poursuivit :

« Vous séparerez ces deux pourritures, les laisserez macérer quelques jours et les jetterez au… non ! Avant cela… vous m'attendrez ! Je veux assister à ce délicieux spectacle, je veux voir de mes yeux périr ces diables ! »

Désormais doux et obéissants comme des agneaux, adoptant un comportement grégaire, les trois hommes acquiescèrent sans, cette fois, soumettre d'objection.

Les ordres furent exécutés : Carlier fut enlevé. Oh, ce fut simple ! On l'invita simplement à se rendre au plus vite à la cache, prétextant un problème majeur que seul lui, grand patron de l'opération, pouvait résoudre. Quelle ne fut pas sa surprise quand Adrien et Francis se jetant sur lui, le ficelèrent comme un rôti et l'abandonnèrent dans un sombre cachot ! Là, Anatole se dit, avec toute l'objectivité qui le caractérisait, que l'affaire semblait mal engagée. Il connaissait parfaitement les risques de son métier. « Ne pas faire aux autres ce que l'on ne voulait pas que l'on nous fasse. » La chose était faite, pliée, il était tombé sur plus fort que lui, et ça, il le respectait. Mais qui était derrière tout ça ? Sûrement pas ces deux imbéciles ! Leurs Q.I. s'élevaient à soixante-quinze points… en les cumulant ! Wilfried ? Pas intéressé par le pouvoir ! Seul l'argent comptait, et encore, pas en tant que tel. C'était juste un moyen de financer les recherches sur ses damnées bestioles. La comtesse de Lescures ? C'est sûr, il l'avait sans doute mésestimée, la rabaissant, allant même jusqu'à l'insulter en lui demandant, droit dans les yeux, de coucher avec ce gros porc de Jarré… Jarré ? Jarret de porc, oui ! Devant ce jeu de mots innocent et enfantin, Carlier, épuisé, affamé et apeuré, se mit à rire, d'un grand rire nerveux, incontrôlable, et douloureux.

Quelques jours passés, on le poussa énergiquement dans le grand bain. Le mortel effet fut rapide, mais la réaction, trop violente. Piqué à de multiples reprises au visage par les cuboméduses, ce dernier se boursoufla, se déforma et prit une teinte violacée, témoignant de l'asphyxie qui gagnait le malheureux. Le corps, ainsi déformé, ne pouvait plus suivre la filière habituelle : impossible de faire passer ce décès pour une cause naturelle, personne n'y croirait ! On fit appeler Mme la comtesse, qui, ingénieusement et rapidement, comme à son habitude, trouva la solution à adopter : « Mettez-le dans la tombe de mon mari ! s'écria-t-elle. Quand il y a de la place pour un… » Margot semblait prendre un doux plaisir à torturer ainsi ses concitoyens. Son psychiatrique comportement se nourrissait littéralement des horreurs dont elle était, à présent, la seule instigatrice.

Amarande avait bien travaillé ! Cette catin était douée et le ministre avait voyagé en première classe dans le wagon du plaisir. Maintenant, le train était entré en gare : le contrat, bien entendu attribué à l'entreprise française allait être signé d'ici quelques jours. Margot allait enfin pouvoir reprendre sa place. Elle expliquerait à Maurice Jarré qu'elle s'était fourvoyée et le quittait ! Que pourrait-il dire à ça ?

Porterait-il plainte pour détournement de bons sentiments, d'utilisation d'un superbe corps de femme à des fins commerciales, d'odieuse manipulation d'un homme d'État par une superbe et vampirique femme d'affaires ? Son intellectuel et ministériel cerveau s'était laissé influencer par son tendre et romantique cœur ! (pour ne parler que de ce noble organe !) Maurice Jarré s'en voudrait énormément, c'est certain. Son stupide comportement lui vaudrait certainement son poste, et après ? Elle n'allait quand même pas verser quelques larmes pour cet abject individu qui la dégoûtait toujours au plus haut point.

Margot pouvait à présent s'occuper du cas d'Antoine, et de son abjecte maîtresse.

Amarande était saisie d'effroi.

Des bruits de pas résonnaient, ses bourreaux étaient là, à quelques pas, ils arrivaient. La vieille et lourde porte de bois s'ouvrit, accompagnée d'un grincement sinistre. La lumière jaillit. Plongée dans l'obscurité depuis un temps qu'elle n'arrivait plus à évaluer, ses yeux, aux pupilles contractées, mirent plusieurs secondes avant de la laisser apercevoir les deux hommes qui se tenaient devant elle. Le premier devait mesurer un bon mètre quatre-vingt-dix et peser deux cents livres. La tête ronde et rasée, le front barré d'une large et inesthétique cicatrice, l'individu dégageait une impression de puissance peu rassurante. Le second personnage contrastait avec son acolyte : plus petit d'une dizaine de centimètres, le teint hâlé, les cheveux noirs, son visage était anguleux, maigre et affublé d'une fine moustache. Malgré son aspect chétif et fragile, l'homme n'était guère plus engageant. Il s'approcha d'elle et lui dit d'un ton sarcastique : « Tou n'as pas envie dé prendre oune bain ma mignonne ? » Tous deux éclatèrent de rire… d'un rire effrayant… assassin… La voix du maigrelet avait résonné à n'en plus finir dans cette immense cave, et Amarande se dit que si la situation n'avait pas été aussi dramatique, la vue de ce moineau au physique ingrat et à l'accent méditerranéen ridicule l'aurait presque fait sourire. Ils lui détachèrent les pieds et l'emmenèrent à travers un dédale de couloirs. L'humidité des lieux, l'odeur de moisissure et de vieux vins lui donnèrent la nausée. Son cœur battait à n'en plus pouvoir. Le fait que ces deux hommes étaient apparus pour la première fois, devant elle, à visage découvert l'inquiétait terriblement. Ils n'avaient visiblement plus rien à perdre ; et elle, plus rien à espérer.

Ils gravirent un escalier de pierre en colimaçon, franchirent une nouvelle porte pour pénétrer dans ce qui semblait être un hangar. Le sol était en terre battue. Les murs, recouverts de chaux, semblaient éclairer cette immensité. Il n'y avait rien ici. Rien, sauf une énorme cuve en verre. Un homme se tenait seul, debout et semblait l'attendre. Le cœur d'Amarande semblait vouloir sortir de son corps. Elle aurait voulu hurler, appeler à l'aide... mais aucun son ne sortait de sa bouche. Elle tremblait. Ses jambes ne la soutenaient plus. Elle savait qu'elle allait mourir. Les deux bandits la traînaient littéralement à présent.

En s'approchant de la cuve, elle vit avec horreur que des bestioles s'ébattaient à l'intérieur. On aurait dit des méduses. Elle en avait vu quelquefois à Granville, à l'époque où elle était enfant, mais ces méduses-là semblaient gigantesques !

« Tiens Wilfried ! La petite a envie de faire connaissance avec tes bestioles ! » balança le gros, avec un ton qui dénotait un certain plaisir sadique... La personne à laquelle il s'adressait était visiblement mal à l'aise et n'avait, en apparence, rien à voir avec ses deux compères. Il ressemblait plutôt à un scientifique, un intellectuel ou quelque chose du genre.

D'allure athlétique, les cheveux blonds, décolorés par le sel, il était plutôt bel homme. Amarande se dit que dans d'autres circonstances, elle aurait pu craquer pour un bellâtre pareil !

« Débrouillez-vous ! Je ne veux rien avoir affaire avec vos magouilles et vos règlements de compte ! On me paye uniquement pour mettre à disposition mes *Chironex* ! Le reste ne me regarde pas ! » Le personnage s'exprimait avec un fort accent étranger, sûrement un membre du Commonwealth, se dit-elle. Pas une seconde il n'avait regardé Amarande dans les yeux, détournant volontairement son regard. Il subissait visiblement cette situation et n'avait qu'une hâte : s'enfuir, ce qu'il fit d'ailleurs rapidement. C'est alors qu'elle entra… la comtesse de Lescures !

Cette garce rayonnait visiblement de bonheur et jouissait de son avantageuse position : « Votre rôle est terminé, très chère, saluez votre public, peu nombreux en ce merveilleux jour, il est vrai, le rideau va tomber. » Elle éclata de son fameux rire, rire qui pouvait aussi bien séduire et faire craquer les hommes qui l'intéressaient, ou tuer d'effroi ceux qui la gênaient. « Ne t'en fais pas ma chérie, reprit-elle, il va te suivre dans quelques minutes, vous serez ainsi réunis pour l'éternité. Je tenais à ce que tu le saches. » Son sourire s'estompa pour laisser place à une expression glaciale, les yeux noirs, sans vie, sans expression, un regard fixe ne trahissant plus aucune émotion ! Le silence brutal était devenu pesant… Seul paraissait maintenant le léger bruissement de l'eau où s'ébattaient les animaux, attendant avec impatience leur proie ! Elle ouvrit une dernière fois la bouche pour annoncer sa sentence, tel un juge s'adressant au bourreau : « Allez-y ! Qu'elle meure ! » Les deux bandits fixèrent une corde aux liens lui enserrant les mains, laquelle passait dans une poulie fixée à la poutre qui surplombait le bassin. Elle s'éleva dans les airs, fut prise d'un vertige mêlé d'angoisse et de peur viscérale. Elle vivait les dernières minutes de sa trop courte vie. Quelle idiote elle avait été ! Elle pensait à Antoine… il allait la suivre dans cet enfer, et ce, par sa faute. Tout était de sa faute ! Comment avait-elle pu se mettre dans une telle situation ? Des larmes perlèrent à ses yeux. Son corps plongea brutalement dans l'eau tiède. Elle s'enfonça, heurtant à plusieurs reprises les immenses tentacules de ces hideux animaux. Elle ressentit immédiatement des douleurs terribles, qui s'accumulaient au fil des contacts avec les tentacules des cuboméduses. Elle sentit ses forces diminuer, son cœur ralentir, la lumière de son esprit s'éteindre. Elle pensa dans ses derniers instants à un homme, mais ce n'était bizarrement pas l'image d'Antoine qui se projetait dans son esprit. C'était Paul Le Pellay, Paul, son amour d'enfance… mais revu… mais jamais oublié ! Elle ressentit une dernière fois son doux et premier baiser, crut entendre les onze coups sonner au clocher de Notre-Dame, et puis, plus rien… Le terrible poison avait fait son œuvre en à peine quelques minutes.

Antoine, selon le désir de sa femme, était bâillonné et assistait, impuissant, dans un coin de cette sordide pièce, à l'assassinat de sa bien-aimée. Il découvrait une scène hyperréaliste : deux femmes qui se ressemblaient à s'y méprendre, l'une victime, l'autre bourreau. Une énorme cuve d'eau où s'ébattaient des animaux hideux. Trois bandits aux physiques explicites. Cet énorme hangar, vide, occupé uniquement en son centre par cet étrange bassin ! L'ensemble des lieux baignait dans une étrange lumière, faite d'un mélange de léger brouillard en suspension, de lumière solaire filtrant à travers les imperfections de la toiture, d'astres aquatiques bleutés, scintillants, projetés en éclats sur les parois métalliques ; l'ensemble hypnotisait ! Et pourtant, tout était bien réel, tristement véridique, affreusement concret !

Antoine avait aperçu Amarande, encadrée par deux hommes encagoulés, s'approcher de l'énorme cuve d'eau. Puis, Margot surgissant de la pénombre, se glissant délicatement vers la lumière, telle une actrice faisant son entrée en scène. Après avoir dit quelques mots à la prisonnière, elle fit un signe à ses complices.

La jeune femme avait été, ensuite, hissée dans les airs puis plongée dans cet immonde bassin. Après quelques minutes terribles, où Antoine l'avait vu se débattre, lutter pour reprendre son souffle, touchée à de multiples reprises par les assassins tentacules des animaux, elle s'était encore débattue quelques secondes. Prise de soubresauts, Amarande cessa subitement de bouger, définitivement.

Margot resta quelques minutes inerte, semblant se délecter de cette horrible scène. Brutalement, elle se détourna vers Antoine, le dévisagea, puis s'approcha prestement. Arrivée à sa portée, elle attendit quelques secondes, puis se décida à le débâillonner :

« Alors, mon ami, qu'avez-vous pensé de ce somptueux spectacle ? N'était-ce pas touchant de voir ces maléfiques animaux caresser, s'approprier ce corps inerte ?

— Tu es une folle Margot, une véritable cinglée. Tu me le paieras, je te jure que tu me le paieras !

— Ah ! ah ! ah ! oh là… doucement mon bon ami ! Tu ne peux t'en prendre qu'à toi-même… tout est de ta faute ! Je t'avais donné mon cœur, ma confiance, et toi… toi, à la première occasion, tu couches avec une mégère qui n'à même pas le quart de ma beauté. Je te condamne à la peine de mort Antoine. Messieurs, appliquez la sentence.

— Lâchez-moi ! Bandits, assassins, allez en enfer.

— C'est justement là où on t'envoie, mon chéri ! Ah ! ah ! ah ! »

Le rire de Margot était sardonique, effrayant, tétanisant… Les bandits plongèrent à son tour Antoine dans le mortel bassin où flottait, entre deux eaux, le corps de sa douce aimée.

Après un court instant, le comte de Lescures cessa de vivre. Les deux cadavres naviguaient à présent dans une amoureuse apesanteur, montant, descendant, se déplaçant dans l'énorme cuve, semblant parfois se caresser, unis qu'ils étaient dans cet ultime ébat…

Les deux corps, abandonnés dans des endroits différents de la capitale, furent rapidement découverts et donnés, comme prévu, à la faculté de médecine. Là, le préposé remarquant l'intrigante réaction d'un jeune étudiant, Paul Le Pellay, devant la dépouille de la jeune femme, prit lui-même la décision de faire disparaître les deux cadavres, semblant devenir rapidement encombrants.

Simulant un banal vol, comme il en existe de temps en temps dans les facultés, le fonctionnaire complice effaça, plus ou moins adroitement, les différents indices.

Le préposé avait un défaut majeur : hormis sa légendaire bêtise, sa laideur animale, son hygiène déplorable, il était un joueur invétéré. Criblé de dettes, fréquentant des endroits louches et des individus peu recommandables, il avait trouvé son salut en la personne d'un certain Alain Verneuil, rencontré dans un de ces établissements. Moyennant une belle somme, il devait « s'occuper » personnellement de certains corps. L'affaire était sans risque et devait rapporter gros.

Après avoir donc fait disparaître ces deux cadavres, le préposé fit prévenir son contact. Lui racontant son histoire, il soumit l'idée qu'une petite prime pour l'effort imprévu accompli serait la bienvenue. Il n'eut malheureusement pas le loisir de profiter de son argent… quelques jours après cette « légitime » demande, le préposé se faisait renverser par un corbillard roulant à vive allure. Eh oui, monsieur, la mort peut débouler n'importe où et à grande vitesse ! Abandonné à sa naissance, seul au monde, il termina sa carrière là où il l'avait débutée une quinzaine d'années plus tôt : dans une salle de dissection de la faculté de médecine, mais froid… et allongé !

Margot avait désormais les mains libres. Carlier, son mari et son incommodant sosie n'étaient plus. Elle venait de prendre officiellement les rênes de la société de Lescures–Carlier et associés. D'ici quelque temps, elle demanderait au conseil d'administration de rebaptiser l'entreprise Pudwark–de Lescures armement… Après tout, si l'affaire était devenue aussi florissante aujourd'hui, c'était bien grâce à elle, à sa perspicacité, à ses décisions visionnaires et radicales ! Restaient ses trois associés. Les trois garçons étaient à ses bottes, ils feraient tout ce qu'elle leur demanderait. De ce côté, aucun problème à attendre.

Le mirifique contrat venait d'être signé. Une partie de la somme due par l'État français serait versée d'ici quelques semaines. À ce moment, les chaînes de l'entreprise tourneraient à plein régime pour fournir à l'armée ces précieux et indispensables outils. Sa présence serait alors indispensable.

Margot venait d'être tout récemment invitée à Monaco, par le directeur du Musée océanographique.

Antoine et elle, au plus fort de leur union, avaient soutenu financièrement cet établissement de recherche. Un dîner de gala, des soirées grandioses, des réceptions, des bals seraient donnés durant cette période de quelques jours. Elle avait besoin de repos après tous ces événements et l'air marin, le soleil méditerranéen lui feraient du bien. Elle proposa à ses trois complices de l'accompagner. Margot détestait voyager seule ! Wilfried, en tant que scientifique, serait fortement intéressé par les conférences présentées. Verneuil et Carmet, eux, lui serviraient de gardes du corps… une mauvaise rencontre n'est jamais à exclure !

À peine arrivée en principauté, elle était tombée, lors d'une soirée, sur un jeune homme charmant, au demeurant… il s'appelait Paul Le Bellay ! Ce nom résonna longuement et intensément dans son esprit : le premier amour de l'autre chienne, l'homme qui avait commencé à disséquer son corps à la faculté, la personne qui pouvait tout comprendre ! Il était en plus accompagné du professeur Poirier, lequel, de notoriété publique, était l'ami intime du chef de la Sûreté, M. Rousseau ! Margot avait dû se dominer pour ne pas afficher physiquement la surprise et l'effroi qui la gagnait. Ce petit imbécile ne semblait pas insensible à son charme. Légèrement éméché, il lui annonçait avoir eu entre les mains, à la faculté, une jeune femme lui ressemblant étrangement… que savait-il au juste ? Avait-il reconnu sa cousine malgré sa rhinoplastie ? Jouait-il un rôle pour la faire tomber ? La Sûreté était-elle informée de la situation ? Y avait-il enquête ?

Margot, pour la première fois depuis bien longtemps, frémissait. L'affaire dans laquelle elle trempait était une affaire d'État ! Si les détails de cette transaction à cinq milliards de francs-or étaient

162

dévoilés, le gouvernement pourrait tomber, et ça, ce n'était pas concevable. Les politiciens en place feraient tout pour sauvegarder leurs postes, ils seraient les plus forts, assurément !

Jouant sa dernière carte, la comtesse de Lescures prit la décision d'éliminer ce gringalet. S'il était le seul à savoir, sa disparition effacerait toutes les traces. Si une enquête devait être ouverte, elle serait, quoiqu'il arrive, arrêtée… ou pire ! Elle n'avait rien à perdre !

Prétextant une invitation à dîner, elle chargea Verneuil et Carmet de pister ce Paul et de se débarrasser de lui. Cet homme ne devait en aucun cas parvenir à son hôtel particulier, et encore moins… revoir Paris !

Chapitre XI

Margot et Paul — Fin octobre 1882

Paul et ses amis, après leur escapade dans le petit cimetière de Sainte-Honorine et leurs passionnantes découvertes, avaient été de nouveau convoqués dans le bureau du directeur de la Sûreté. Après avoir encore une fois congratulé le professeur Poirier, serré chaleureusement la main de Paul, Pierre et Aristide, M. Rousseau prit la parole : « Prenez place, mes amis. Je tenais à vous tenir personnellement informés de l'évolution de cette affaire. Résumons à nouveau la situation de cet imbroglio politico-financier. Nous savons désormais qu'Anatole Carlier, que vous venez d'identifier, a été assassiné, de même que le comte de Lescures et la personne sensée être sa femme. Dans ce genre d'enquête, les policiers doivent toujours se poser la primordiale question : à qui profite le crime ? Dans notre cas, messieurs, les suspects restent au nombre de quatre : "l'actuelle" Margot de Lescures, et les anciens associés de Carlier : Adriano Vernucchi (alias Alain Verneuil), Francis Carmet et Wilfried Colward. Le président Devry m'a recontacté pour s'informer en personne, de l'évolution de ce dossier. "L'affaire Jarré", comme les médias commencent à l'appeler, est une véritable poudrière ! Si de crédibles journalistes arrivent à prouver que le ministre de la Marine a bien signé ce juteux contrat, influencé par les charmes d'une belle comtesse, le gouvernement subira de telles attaques qu'il se verra dans l'obligation de démissionner. Autant vous dire, messieurs, qu'il va nous falloir tout faire, pour résoudre cette affaire dans la plus grande discrétion. Oublions l'idée d'arrestations publiques avec des hordes de gendarmes et de policiers dans les rues ! Pour la personne qui est, ou qui se fait passer, pour la comtesse de Lescures, vous seul, Paul, pouvez intervenir. Cette femme peut, à elle seule, faire sombrer le cabinet Leclere. Il ne faut absolument pas lui laisser le temps de parler. Vous irez à son appartement, rue Bonaparte, où elle demeure toujours. Si elle est bien l'instigatrice de votre tentative d'assassinat, vous voir, pour elle, sera un choc important. Vous profiterez de cette déstabilisation pour négocier votre silence. En échange d'une somme très importante, disons deux cents millions de francs, vous promettrez de vous taire et de disparaître à jamais. Si elle se montre réticente, vous lui apporterez les preuves de votre connaissance de l'affaire : l'assassinat de Carlier, du comte de Lescures, de Margot… pensez à prononcer ce dernier prénom avec un petit sourire railleur, si cette femme est bien la comtesse, elle pensera que vous êtes sûr de vous au point de la provoquer, si ce n'est pas Margot, elle sentira alors que vous le savez ! Sa garde baissée, vous lui demanderez de venir en personne porter cette somme à une adresse dont nous conviendrons ultérieurement. Prise en flagrant délit, nous l'arrêterons et la mettrons au secret. Ensuite, l'État et la justice décideront.

— Et si cette personne me demande de lui apporter des preuves plus précises, par exemple la façon dont ces crimes ont été commis, car officiellement, encore aujourd'hui, ces hommes et cette femme sont décédés de façon naturelle !

— J'allais y venir Paul. Je pense que notre enquête au sujet de Wilfried Colward nous a apporté la solution de cette énigme… »

Les quatre amis se redressèrent de leur confortable siège d'un seul tenant, tendant l'oreille, prêts à entendre l'improbable révélation. M. Rousseau, jouissant pleinement de l'effet qu'il produisait et allait produire, prenait son temps. Le silence dans la pièce était insoutenable, pesant, terrible… puis, le directeur lâcha : « *Chironex fleckeri…* » La réponse avait claqué comme un fouet. Les amis se regardèrent, l'air stupide, ne comprenant absolument pas ce que M. Rousseau voulait dire.

« *Chironex fleckeri* est une espèce de méduse que l'on peut trouver uniquement sur les côtes australiennes, messieurs ! Wilfried Colward est un scientifique, ô certes, un petit scientifique ! Il a voué, jusqu'à présent, sa vie à cet étrange animal. Ayant décidé de venir présenter ses travaux aux savants européens, il est arrivé en France avec ses cuboméduses, recherchant désespérément des fonds pour poursuivre et publier ses recherches. Sans résultat, le malheureux bougre a croisé la route de ces gangsters. Carlier et sa bande ont profité de ses connaissances et de ses dangereuses bestioles pour régler proprement leurs petites affaires ! Après nous être renseignés auprès d'éminents spécialistes, nous savons à présent que *Chironex fleckeri* est la seule espèce de méduse tueuse au monde. N'attaquant naturellement pas l'homme, le contact involontaire avec ses tentacules vous délivre une dose venimeuse capable de vous faire mourir en quelques minutes. Pas de trace apparente, sinon quelques réactions cutanées non suspicieuses aux yeux des médecins français. Comme vous l'avez judicieusement remarqué dans votre autopsie d'Anatole Carlier, le cœur, après le décès, demeure par contre contracté »

Paul, le professeur Poirier, Pierre et Aristide — joyeusement bouleversés par cette annonce, véritablement séduits par la théâtrale représentation jouée devant eux par M. Rousseau — se levèrent et applaudirent à tout rompre.

« Merci, messieurs, merci mille fois. Allons, calmons-nous, je vous en conjure. Asseyez-vous et poursuivons ! »

Tels de bons soldats, obéissant dans l'instant à l'ordre impérieux donné par un sergent-major revêche, ils s'exécutèrent.

« Mes hommes suivent discrètement depuis quelques jours, la pseudo-comtesse de Lescures. Elle s'est rendue dernièrement deux fois rue des Carrières, le long du canal Saint-Maurice à Conflans. Les trois ex-associés de Carlier fréquentent assidûment les lieux. Là se trouve un immense hangar, très discret. De plus, des renseignements pris au cadastre nous indiquent que ce bâtiment a été construit sur d'anciennes caves voûtées, transformées en cachot, et utilisées sous Louis XIII, par la police secrète du cardinal de Richelieu. Une bonne cache pour retenir des prisonniers, et opérer des crimes crapuleux en toute discrétion, assurément !

— Et si cette personne, quelle qu'elle soit, ne me semble pas coupable et n'entend rien à mes paroles ?

— Eh bien ! nous ferons arrêter sur-le-champ et interroger les trois bandits ! Au vu de leurs réponses et des résultats de notre enquête, nous en tirerons les conclusions qui s'imposent, et punirons très sévèrement les, ou la, vrais coupables. »

Depuis son retour à Paris, Margot n'avait rien vu bouger. L'assassinat de ce jeune idiot de Le Pellay était passé inaperçu. Personne n'était donc informé de ses affaires. Elle pouvait respirer.

La comtesse venait de quitter, il y avait quelques heures à peine, le luxueux bureau du ministre de la Marine. Ce dernier, la recevant comme à son habitude immédiatement, fort heureux et soulagé de la revoir après ces quelques jours de silence, essaya maladroitement de la serrer dans ses bras et de l'embrasser. Margot, réagissant avec virulence, lui assena un magistral coup de sac à main sur le dessus du crâne, ce qui le fit vaciller. Légèrement sonné, surpris par cette étonnante et imprévue réaction, Maurice Jarré remit correctement ses lorgnons, passa délicatement sa forte main sur le haut de sa tête dégarnie…

« Mais, ma douce, ma tendre amie, que vous arrive-t-il ? Ai-je dit ou fait quelque chose de mal ?

— Monsieur, notre relation est aujourd'hui terminée. Je ne peux vous donner aucune explication. Sachez seulement que je suis désolée. Adieu monsieur.

— Attendez mon amie, ne partez pas. Mais, mais nous… vous êtes, grâce au contrat que je viens de vous signer, à la tête d'une immense fortune. Nous pourrions être heureux, vous me devez bien au moins ça.

— Rien, monsieur, je ne vous dois rien. »

Maurice Jarré, comprenant à présent que l'on s'était joué de lui, réalisant le poids de sa responsabilité dans les lourdes conséquences politiques qui risquaient de s'ensuivre, devint menaçant :

« Madame, je vous préviens, si vous m'abandonnez, si vous me laissez là, après tout ce que j'ai fait pour vous, vous vous en repentirez, madame. Je vous ferai enfermer jusqu'à la fin de vos jours, je vous le jure.

— Ne faites pas de promesses que vous ne pourrez pas tenir, monsieur. Je vous rappelle que vous avez donné un gros contrat à une entreprise en échange de quelques nuits d'amour. Si des journalistes venaient à apprendre une telle chose, non seulement votre carrière politique serait terminée, mais votre gouvernement tomberait avec vous, monsieur. Donc, pour le bien de tous, restons-en là. Sommes-nous d'accord ?

— Espèce de sale garce ! Vous me tenez… très bien ! Mais profitez des quelques moments de paix qu'il vous reste, la roue tourne toujours, et quand la vôtre s'arrêtera, ce sera la fin pour vous.

— Adieu, monsieur le ministre. »

Calmement, comme à son habitude, Margot se leva, réajusta son chapeau, en forme de capote évasée, tourna le dos à Maurice Jarré et, d'un pas décidé, sortit du bureau.

En allant le lendemain rencontrer ses trois associés, elle remarqua à plusieurs reprises un homme semblant l'observer. Elle se méfia, fit faire quelques détours dans Paris à son chauffeur, et finit, rassurée, par se diriger vers Conflans. L'homme n'était plus là, mais une impression de malaise continuait à l'étreindre. Une angoisse perceptible grandissait en elle… Le ministre de la Marine avait-il trahi sa parole ? L'avait-il dénoncée ?

Si l'État commençait à mettre son nez dans ses affaires, il découvrirait rapidement l'ensemble de ses forfaits. Et là, toute fille d'un ancien secrétaire d'État britannique qu'elle était, elle risquait gros, très gros. Il fallait qu'elle se débarrasse au plus vite de ses trois associés. La chose faite, elle pourrait toujours rejeter la responsabilité des crimes sur ces crétins, et se présenter en victime.

Ces bandits, après avoir assassiné son mari, leur principal associé, Carlier, et l'avoir directement menacée de mort si elle ne collaborait pas, désiraient s'emparer de la désormais, riche et florissante entreprise. Voyant leur coup raté, ils venaient tous de fuir, l'abandonnant à son triste sort. Margot redevenait confiante. Son scénario tenait la route. Avec son charme naturel, sa prestance, son culot, sa position sociale… elle devrait échapper à toute sanction !

Personne ne pourrait croire qu'une comtesse, fille d'un pair du royaume britannique, et, qui plus est, dirigeante d'une grande entreprise française, puisse être mêlée à une série de crimes abjects. On ne pouvait l'accuser de rien ; tout au plus d'avoir séduit un ministre pour influer sur sa décision.

Toutes les grandes décisions d'affaires sont influencées par des femmes… et il était et en serait toujours ainsi !

Avec sa force de persuasion habituelle, elle réussit à convaincre rapidement ses trois associés. Ils devaient quitter la France au plus vite et elle s'engageait à leur faire parvenir avant demain soir une somme confortable pour les premiers frais. Ensuite, des mandats postaux réguliers leur permettraient de vivre très confortablement. Les trois hommes n'hésitèrent pas longtemps. L'affaire semblait mal engagée et il valait mieux fuir. Il était plus convenable de vivre riche à l'étranger que pauvre dans les geôles françaises. De plus, ils étaient tous très heureux de s'éloigner de cette femme malfaisante et dangereuse. Pour certains d'entre eux, ils avaient fréquenté les pires crapules, des tortionnaires joyeux aux tueurs psychotiques, mais jamais une femme comme celle-là. Sous ses allures angéliques sommeillait un démon, capable des pires horreurs. Restant à ses côtés quelques mois de plus, pour arriver à ses fins, elle les aurait convaincus de s'entretuer ! Ce départ précipité était une aubaine.

Avant de rentrer à son domicile, Margot s'arrêta à sa banque donner des ordres, afin que l'on fît préparer des liquidités. Ces sacs d'argent seraient à faire parvenir dans la soirée à l'adresse ci-indiquée. Prenant ensuite le chemin de son appartement, elle jeta, de-ci de-là, des regards inquisiteurs et suspicieux. Aucune trace de l'homme en question. Elle se sentait un peu rassurée. Ses angoisses étaient vraisemblablement dues à sa fatigue extrême. Toute cette affaire durait depuis des mois et elle se sentait épuisée. D'ici quelques jours, quand tout serait à nouveau calme, elle se promettait de partir plusieurs semaines dans le sud de l'Espagne. Le soleil, la mer, les oranges fraîchement récoltées, bourrées de vitamines, la remettraient d'aplomb !

La nuit venait de tomber. Il recommençait à pleuvoir. La porte de son luxueux logement à peine fermé, elle enfila une tenue de soirée plus confortable, puis commanda à son nouveau maître d'hôtel un repas léger. Elle regardait une dernière fois par la fenêtre du salon, désirant vérifier qu'aucun policier n'était visible dans la rue. Rien, tout était calme. Seules quelques voitures circulaient encore, ramenant chez eux des personnes vraisemblablement importantes, éclairant de leurs faibles lueurs les pavés détrempés, projetant des gerbes d'eau sur les trottoirs transformés en ruisseaux.

La cloche de la porte d'entrée se mit à sonner. Margot regarda la pendule posée sur la cheminée : vingt heures dix… qui pouvait bien venir l'importuner à cette heure ? On frappa à la porte du salon : « Entrez ! » Son nouveau maître d'hôtel pénétra dans la pièce, prenant soin de refermer rapidement la porte. Il s'avança vers Margot et lui tendit un petit plateau d'argent sur lequel reposait une carte de visite.

« Ce monsieur demande à madame la comtesse de bien vouloir le recevoir de toute urgence. » Elle se saisit du carton blanc, regarda le nom imprimé et fut prise d'un léger malaise. Le serviteur bondit, l'aidant à s'allonger sur le divan. Son teint, habituellement laiteux, avait viré au verdâtre. De nombreuses gouttelettes de sueur perlaient sur son front.

Une forte nausée la secoua pendant plusieurs secondes… « Monsieur Paul Le Pellay — étudiant en médecine — 11, rue Soufflot, Paris ».

Ce n'était pas possible ! Cet homme était mort depuis plusieurs semaines ! Il fallait qu'elle sache…

« Dites à ce monsieur que je vais le recevoir dans quelques instants. Donnez-moi le temps de me rafraîchir. » Ayant repris quelques forces, Margot réfléchissait rapidement. Quelle attitude adopter ? Paul savait forcément tout. Il n'était pas là par hasard. Venait-il la menacer ? Était-il en mission, envoyé par le chef de la Sûreté, grand ami du professeur Poirier ? Que faire ? Que dire ? Son cerveau travaillait à la vitesse de la lumière, analysait froidement la situation, recherchait dans la profondeur de ses cellules les informations nécessaires. Tout à coup… elle sut ! Tout était désormais clair ! Certes, il allait falloir jouer une partie dangereuse, faire preuve de talent, d'audace, de génie. Mais ça, elle savait le faire.

Paul attendait depuis maintenant un bon quart d'heure dans le petit salon. Ses jambes, croisées depuis lors, se remettaient à trembler, le stress le submergeait à nouveau. Il craignait cette rencontre. Il était toujours amoureux fou de cette femme, et se sentait comme ensorcelé. Ne l'ayant que très peu fréquentée, il lui avait pourtant toujours semblé la connaître. Paul n'arrivait pas à croire en la culpabilité de Margot dans toute cette affaire. C'était une victime, à n'en point douter ! Cette rencontre allait enfin lui permettre de tout savoir !

La porte s'ouvrit. Le maître d'hôtel se tenait là, devant lui. D'un air grave, il annonça : « Mme la comtesse de Lescures va vous recevoir dans un instant, monsieur. Si vous voulez bien vous donner la peine… » Montrant d'un geste explicite l'immense salon qui se tenait derrière lui, le serviteur s'écarta. Paul pénétra dans l'immense et confortable pièce. Il jeta un œil inquisiteur autour de lui. De belles flammes orangées faisaient crépiter du bois sec dans la cheminée de marbre blanc. Devant, un pare-feu flanqué des armoiries des de Lescures protégeait un immense et splendide tapis persan. Dans un coin de la pièce se trouvait un Pleyel. Le sompteux et légendaire instrument lui rappelait l'époque où, lui et son père, jouaient à quatre mains des airs de Bach. Cette période granvillaise lui semblait terriblement lointaine. Cela faisait d'ailleurs des semaines qu'il n'y avait plus pensé. Il songea alors à Jeanne et Louis. Depuis combien de temps les avait-il laissés sans nouvelles ? Les pauvres malheureux devaient être fous d'inquiétude ! Il avait honte de lui ; négliger ainsi les deux dernières personnes qui lui étaient proches ici-bas. Dès cette affaire terminée, il se promettait de quitter Paris quelque temps avec ses parents adoptifs.

Une banquette empire trônait au centre de la pièce, entourée de quatre crapauds. Il prit place.

L'attente fut brève. Margot, majestueusement belle, entrait dans la pièce. Paul ressentit de nouveau ce puissant sentiment amoureux, si fort, si étrange. Il n'arrivait toujours pas à se l'expliquer…

« Bonsoir, Paul, toi ici ? Je t'ai attendu pendant des heures à Monaco, pour le dîner que nous avions prévu de prendre ensemble. Moi qui voulais t'avouer la vérité sur toute cette affaire, j'étais prête à t'ouvrir mon cœur, et toi… tu m'abandonnes et disparais dans la nature, sans un mot, sans une nouvelle !

— J'ai eu, madame la comtesse, ce soir-là, maille à partir avec des individus qui ont voulu m'assassiner !

— Les scélérats ! Ils n'auraient pas osé ? Raconte-moi tout, Paul !

— J'étais en route pour vous retrouver. Sur une route bordant la mer, un homme au fort accent italien est venu m'interpeller. Je m'approchais innocemment de lui quand je reçus un formidable coup sur le crâne qui me fit perdre connaissance. À mon réveil, j'étais enfermé dans un sac lesté, que l'homme et son complice ont ensuite jeté à la mer. Heureusement pour moi, leur tentative a échoué.

— C'est effroyable, Paul ! Ils ont voulu te tuer… ces bandits ont deviné qu'il se passait quelque chose de fort entre nous et ils ont pris peur.

Mais qui sont-ils ? Vous dites vouloir me dire toute la vérité, je pense que l'instant est idéal, madame la comtesse.

— Eh bien, soit ! Nous nous connaissons de longue date Paul…

— De longue date ? Mais je vous ai vue pour la première fois de ma vie à Monaco, il y a quelques semaines.

— Non, Paul, je ne te parle pas de Monaco, mais de… Granville. »

Le jeune homme vacilla quelques secondes… l'information le stupéfia. À présent, il recherchait dans les tréfonds de sa mémoire, fouillant chaque recoin de son cerveau, mais rien, absolument rien. Il était absolument certain de ne jamais avoir rencontré cette femme. « Vous vous moquez, madame ?

— Nous nous sommes tellement aimés durant des années Paul, tu ne peux pas avoir oublié.

— Madame la comtesse, je ne sais pas à quoi rime cette sinistre plaisanterie, mais…

— Amarande…

— Amarande ?

— Ta cousine, Paul, je suis Amarande, celle que tu n'as cessé d'aimer ! »

Cette fois-ci, le jeune garçon reçut un véritable uppercut. Il était groggy, sonné, K.O. debout après l'annonce de cette improbable et surprenante nouvelle.

« Amarande… mais ce n'est pas possible… comment n'ai-je pu te reconnaître ? Par quel hasard puis-je te retrouver ici, mêlée à une terrible et sordide affaire ?

— Je t'ai juré de te dire toute la vérité, mais sache tout d'abord qu'un terrible événement a fait que ma mémoire a souffert, de nombreux éléments de ma vie me sont désormais inconnus.

— Mais tu te souviens quand même de nous, de notre amour ?

— Nous deux, Paul, c'était… c'est différent… nous nous sommes toujours aimés. Mais que vas-tu penser de moi après toute cette histoire ?

— Je suis certain que tu n'as rien fait d'irréparable Amarande. Tu as toujours été une femme douce et honnête.

— Laisse-moi te conter., et ensuite tu jugeras. Tout a commencé il y a quelques semaines, à Paris. Je venais d'apprendre que tu commençais des études de médecine et, curieusement, habitais tout près de mon domicile. C'est en désirant m'y rendre que j'ai rencontré, par le plus grand des hasards, M. Carlier. Il me proposait, moyennant une véritable fortune, de me substituer à la comtesse de Lescures. Je devais, sous cette étiquette, rencontrer le ministre de la Marine et le convaincre de signer un important contrat avec l'entreprise d'armement de Lescures–Carlier et associés. Mon rôle terminé, je devais ensuite disparaître. Je ne pouvais qu'accepter, mon amour, j'étais financièrement étranglée. »

Paul regardait maintenant Margot avec pitié. Il n'avait qu'une envie, la prendre dans ses bras, la réconforter et l'embrasser, comme autrefois. Margot, elle, au sommet de son art théâtral, poursuivait :

« Remplissant mes engagements au mieux, un accord de principe entre l'État français et l'entreprise fut signé. Je reçus alors un bien étrange télégramme de M. Carlier : "Besoin de vous voir en urgence et dans le secret — viendrai à votre appartement ce soir 20 h". J'étais très impatiente de savoir ce que cet homme me voulait. À l'heure dite, il sonna à ma porte. Un individu, méconnaissable, vêtu d'un long manteau sombre, portant haut-de-forme et large capeline recouvrant une partie du visage, fit son apparition. Débarrassé de ses encombrants vêtements, je découvris son faciès. L'homme était blême, défiguré par la peur, une peur froide, incontrôlable, paralysante ! Le forçant à accepter un verre d'alcool fort, Anatole Carlier me confia alors que nous étions, lui et moi, en grand danger. La situation venait de lui échapper. Ses trois associés, des bandits notoires, sans morale ni pitié, venaient de lui avouer l'assassinat du comte et de la comtesse de Lescures. Arriva alors l'ignoble chantage : s'il ne leur abandonnait pas ses parts dans l'entreprise et dans sa banque, Carlier mourrait également. L'homme d'affaires savait parfaitement que la partie était perdue et que, quoi qu'il fasse, il serait exécuté. Désirant s'enfuir dans l'heure, mais pris de remords à mon égard, il était venu me prévenir du grand danger ! Ne sachant plus que faire, je passai la nuit à réfléchir, me débattant avec mes anges et mes démons. Je me convainquis d'être encore utile à ces hommes. Le contrat définitif n'étant pas encore signé, mon rôle auprès du ministre de la Marine ne pouvait s'interrompre. Il me restait, qui plus est, à récupérer une partie importante de mon cachet ! Je pris la lourde décision de rester… et d'attendre. Le lendemain, un de ces trois assassins, le dénommé Alain, vint me prévenir que nous quittions la capitale pour quelques jours. Nous partions pour Monaco, où l'on devait impérativement voir la comtesse de Lescures, généreuse donatrice du célèbre Musée océanographique. C'est là que je t'ai retrouvé Paul. Épiée en permanence par ces sinistres individus, je ne pouvais rien te dire. J'espérais pouvoir te faire comprendre qui j'étais réellement lors de ce fameux dîner. Malheureusement, nous surveillant, cherchant à écouter nos conversations, ils ont dû t'entendre me parler de cette histoire de corps me ressemblant, rencontré à la faculté de médecine de Paris. À partir de cet instant, tu devenais sans doute une personne gênante. J'apprenais dans la nuit, notre départ de la principauté pour le matin. Je n'avais eu aucune nouvelle de toi dans la soirée. Je craignais le pire. J'étais paniquée, effrayée, seule, affreusement seule ! Le retour sur Paris fut terrible. Je n'avais plus eu de contact avec M. Carlier depuis huit jours. S'était-il enfui à temps, avait-il été, lui aussi assassiné ? Un journal datant de quelques jours, m'apprenait l'attribution officielle du contrat d'armement à la société française. Mes jours étaient peut-être comptés ! Les bandits m'annonçaient que ma "dernière" mission serait de transférer des fonds de la société de Lescures vers la banque Carlier. Seule, je possédais l'accréditation nécessaire pour effectuer ce type de transaction. Je sens que ces hommes deviennent nerveux, Paul. Ils vont sans doute s'enfuir avec leur butin d'ici peu. Je dois leur faire parvenir les derniers sacs demain soir. Mais après… quelles raisons les motiveraient à me garder en vie ? Je suis plus qu'encombrante pour eux… je sais trop de choses… il faut que tu m'aides, mon amour ! Sans toi je suis perdue ! J'ai fait de grosses erreurs dans ma vie, trompé beaucoup de gens, mais jamais je n'ai tué personne ! Tu dois avoir des relations qui pourraient m'aider Paul ? Je suis prête à collaborer avec la justice, décidée à tout avouer, tout raconter de cette affaire sordide. Il faut que tu m'aides, que tu me sortes de là, je n'ai plus que toi mon chéri… mon amour… par pitié ! »

Paul était abasourdi, bouleversé. Ses jambes recommençaient à trembler, mais là, ce n'était pas de peur, c'était d'émotion. Oui, il allait l'aider ! Oui, il prouverait à tout le monde qu'Amarande était une victime ! Il aimait cette femme. Elle était dans le vrai… il l'avait toujours aimée… jamais véritablement oubliée.

Tout s'expliquait à présent : ses rêves prémonitoires avaient pour but de le conduire vers elle. Cette impression de déjà connaître « la comtesse » s'expliquait à présent. Oui, tout semblait clair !

Paul se jeta dans les bras de Margot et l'embrassa tendrement…

« Je vais t'aider, mon amour, sois sans crainte ! Je suis missionné par le chef de la Sûreté en personne. Ma présence chez toi ce soir devait permettre de définir ton éventuelle responsabilité dans cette affaire. Je sais aujourd'hui que tu es innocente, Amarande. Je réussirai à convaincre la justice que tu es une victime, et moyennant ton témoignage, je suis convaincu qu'ils te laisseront libre !

— Mais ces bandits, Paul… c'est une question d'heures ! Ma vie est menacée !

— Ne t'inquiète pas mon amour… ton appartement est étroitement surveillé par la police. Nous connaissons l'endroit où se cachent ces assassins. Les forces de l'ordre n'attendent que mon signal pour agir. Dans très peu de temps, la police envahira le hangar sur les bords de Seine, à Conflans. Les gangsters seront arrêtés, jetés en prison et vraisemblablement condamnés à mort. Plusieurs meurtres, une affaire d'État plus que délicate… la justice ne laissera pas ces trois gaillards s'en sortir vivants ! »

Paul, après avoir quitté la femme de sa vie, retrouva le lieutenant Vernet, officier responsable de la surveillance et de sa sécurité.

Informant son supérieur hiérarchique par télégraphe, ce dernier reçut l'ordre de ramener d'urgence M. Le Pellay à la Sûreté.

Vingt minutes plus tard, Paul était introduit dans le bureau de M. Rousseau.

« Asseyez-vous, monsieur, et faites-moi rapidement votre rapport !

— Monsieur le directeur, ce que je viens d'apprendre dépasse l'entendement. Je connais cette femme qui a été engagée par Carlier pour tenir le rôle de la comtesse de Lescures. Elle s'appelle en vérité Amarande Léger. C'est une cousine proche que j'ai perdue de vue depuis une dizaine d'années, et c'est également le grand amour de ma vie.

— Pas de psychodrame amoureux ici, monsieur. De l'information, que de l'information.

— Vous manquez totalement de romantisme, monsieur. Enfin… vous avez sans doute vos raisons ! Pour faire court, Amarande est une victime ! Carlier, craignant pour sa vie, l'a informée que ses trois associés avaient éliminé le comte et la comtesse de Lescures. Ces hommes, sentant actuellement la situation se compliquer, comptent s'enfuir. Ils se servent toujours d'Amarande pour détourner des fonds, elle seule pouvant effectuer les retraits d'espèces du compte de l'entreprise d'armement. Craignant pour sa vie, elle n'a d'autre choix que d'obéir à ces bandits. Consciente des dramatiques tournures que prend l'affaire à laquelle elle est mêlée, Amarande veut à présent servir la justice. Elle se propose de tout avouer et de témoigner contre ces criminels qu'elle redoute tant !

— Hum, parfait, parfait… nous verrons cela… Êtes-vous sûr de cette fille, Paul ? Êtes-vous certain que cette jeune femme soit honnête avec vous, et qu'il s'agit bien là de votre cousine ?

— Oui monsieur ! Je me porte garant de son honnêteté ! Amarande a toujours été une femme honnête et droite. Seules, d'importantes difficultés financières ont pu la pousser à accepter cette délicate mission.

— Bien, Paul ! Je vous fais provisoirement confiance. Nous allons protéger Amarande et faire arrêter sur-le-champ ces trois coquins. Vous pouvez rentrer chez Poirier vous reposer. Merci, monsieur. »

Alain Verneuil, Francis Carmet et Wilfried Colward furent interrompus durant leur dîner par l'irruption brutale d'une trentaine de policiers.

Ces hommes, lourdement armés, braillant à tout va, surgissaient anarchiquement de tous côtés, telles des abeilles fuyant leur ruche enfumée. Ils furent reçus de la plus digne des façons ! Verneuil dégaina d'une main son Deringer américain à double canon, tandis que l'autre tirait déjà avec un Colt Model 1860 Army, calibre 44. Il tua trois policiers et en blessa gravement deux autres avant d'être atteint à plusieurs reprises. Il mourut en un instant, loin de son pays natal. Carmet sortant son Remington New Model, calibre 36, n'eut pas le temps de l'utiliser. Lui, était plus habitué à tirer sur les hommes d'Église tout de rouge vêtus, moins virulents, et moins armés. Tué sur le coup… il n'eut pas le temps de recevoir l'absolution… uniquement une volée de plombs !

Quant à Colward, il préféra finir sa vie auprès de ses chéries. Bondissant comme un kangourou, zigzagant entre les balles qui sifflaient autour de lui tel un dingo, il enjamba l'énorme bac, et se laissa tomber dans les eaux australiennes. Enlacé dans les longs bras de ses *Chironex fleckeri*, baignant dans un liquide familier, il s'endormit heureux et apaisé.

Quand l'énorme brouhaha cessa, le gigantesque espace était envahi d'une fumée épaisse, chargée de charbon et de salpêtre, dégageant une odeur caractéristique de soufre.

On recueillit les corps des victimes, on fit évacuer les blessés et on admira sans retenue les étonnantes cuboméduses. Miraculeusement, aucun projectile n'avait atteint la cage de verre… les tueuses étaient toujours bien vivantes !

Margot avait été très fière de sa représentation devant Paul Le Pellay. Ce jeune innocent, trop amoureux et confiant, avait avalé sa rocambolesque histoire. Avec quelques pauvres informations, elle avait réussi à broder un véritable roman. Le plus primaire des renseignements lui manquait pourtant : le nom de cette fille. Bien heureusement pour elle, un autre crétin le lui avait donné : le lieutenant Vernet. Ayant reçu pour ordre de mettre en lieu sûr la demoiselle, il était venu lui-même la récupérer. Découvrant l'extrême beauté de la gente dame, il répondait en rougissant et en bafouillant à son incroyable et magnifique sourire. Les mots sortant confusément de sa bouche crachèrent la précieuse information :

« Bonsoir, madame, euh… mademoiselle Amar… pardon… Léger, mademoiselle Léger. Je suis le lieutenant Verot… euh… pardon, Vernet. Je viens vous chercher pour vous conduire en lieu mûr… sûr… en lieu sûr… Pardonnez, madame, s'il vous plaît. »

Margot était désormais logée aux frais du contribuable. La Sûreté nationale disposait de quelques appartements discrets à l'intérieur et autour de Paris, permettant de loger temporairement, des témoins clés, dont la vie risquait un grand danger.

La comtesse emménagea donc rue Stendhal, près du cimetière de l'Est, dans le XXe arrondissement. Le logement était confortable : une salle à manger, un salon, une chambre et… une salle de bains, signe de grand luxe !

La Sûreté choyait ses prestigieux invités ! Des policiers, chargés de sa sécurité, avaient un petit logement contigu au sien. Des types simples, corrects, toujours volontaires pour venir la côtoyer et savoir si « tout allait bien » !

Margot maîtrisait de plus en plus son nouveau rôle. Ayant prestement abandonné son noble comportement, ses airs hautains et

La comtesse emménagea donc rue Stendhal, près du cimetière de l'Est, dans le XXe arrondissement.

ses réflexions blessantes pour le « petit peuple », elle s'amusait à aller au-devant de ses protecteurs, leur proposant une tasse de thé, des petits gâteaux et autres douceurs dont les policiers étaient friands.

On devait dorénavant se battre à la Sûreté pour être de faction chez Amarande Léger… la plus belle, et la plus douce suspecte du Tout-Paris !

Le lieutenant Vernet, réussissant dorénavant à constituer des phrases devant la belle jeune femme, et ce, sans bafouiller, lui apprit qu'elle serait très prochainement interrogée par le directeur de la Sûreté, en personne.

Quand Margot fut introduite le 30 octobre 1882 dans le bureau de M. Rousseau, elle se retrouva en compagnie de Paul et de ses amis. Elle reconnut immédiatement le professeur Poirier. Le grand homme la dévisageait d'un air soupçonneux… Elle avait eu l'occasion de le rencontrer subrepticement il y a quelques années. Jeune mariée à l'époque, elle avait blessé à la joue son mari, Antoine, suite à une « banale » scène de ménage. Ironie de la vie… ce jour-là, elle lui avait fait chèrement payer le fait de l'avoir appelée, par erreur « Amarande ». Aujourd'hui, elle paierait cher pour être affublée *ad vitam æternam*, de ce doux prénom.

Les quatre hommes remarquèrent immédiatement son incroyable beauté. Elle était vêtue d'un manteau ajusté de couleur pourpre, assorti à sa robe, mettant gracieusement en valeur ses formes généreuses. La jeune femme fixait avec charme chacun d'entre eux, leur faisant croire un court instant, qu'ils étaient les hommes les plus séduisants du pays. Paul, lui, affichait toujours cet innocent sourire, propre à toutes les personnes amoureuses, retrouvant après quelques jours d'absence, l'être cher. Margot lui envoya un subtil clin d'œil complice.

Le public était au rendez-vous, la représentation pouvait commencer !

« Mademoiselle Amarande Léger, asseyez-vous, je vous en prie !

— Monsieur le directeur, messieurs.

— M. Paul Le Pellay, ici présent, nous a conté votre rôle dans cette affaire. Il est intimement persuadé de votre innocence et nous sommes tous ici, tentés de le croire également. Mon problème, mademoiselle, est que je ne peux me contenter de convictions. Il me faudrait des preuves de votre identité et de votre innocence.

— Je comprends, monsieur le directeur, pour mon innocence… je pense que vous êtes un homme supérieurement intelligent, armé d'une grande expérience des criminels. Vous ne pouvez à aucun moment, imaginer une faible femme comme moi, manipuler des bandits de grand chemin, les obligeant à assassiner deux, ou trois personnes, faire disparaître les corps, puis détourner l'argent de l'État français. »

Le directeur de la Sûreté nationale, le menton reposant sur son poing fermé, cligna des yeux d'un air approbateur.

Margot, intarissable, poursuivit :

« Pour mon identité… étant celle qui interpréta le rôle de la comtesse de Lescures, notamment auprès de M. le ministre de la Marine, un rôle très… "physique"… comme vous pouvez vous en douter. Je peux, si vous le désirez, monsieur le directeur, vous décrire avec grande précision, l'anatomie intime de Maurice Jarré… » À ces mots, M. Rousseau faillit s'étouffer. Remplissant nerveusement son verre à l'aide de la carafe d'eau mise à sa disposition, tremblotant, toussotant, il avala d'un seul trait l'apaisant liquide.

« Madame, un peu de tenue, de discrétion, je vous en conjure. »

Margot savait qu'elle venait de faire mouche. Cette affaire intéressait les plus hauts sommets de l'État. Ses révélations colorées pouvaient faire tomber le gouvernement et sombrer la France dans une crise politique sans fond. Le directeur savait lui, qu'il ne pouvait faire plus. Les consignes reçues de l'Élysée étaient claires : régler « l'affaire Jarré » au plus vite et dans la plus grande discrétion. Si cette femme était arrêtée sans preuves suffisantes, elle saurait trouver les mots justes et des oreilles attentives pour faire exploser l'affaire au grand jour, et le mettre lui, directeur de la Sûreté, dans une situation apocalyptique. Il fallait à tout prix étouffer cette histoire.

« Je vous crois, madame, nous vous garderons encore quelques jours sous notre protection. Je dois faire mon rapport au président de la République dès demain. Je vous tiendrai informée de sa décision quant à votre avenir. Bien le bonjour madame ! »

Monsieur Rousseau était mal à l'aise. Jamais il n'avait eu cette détestable impression de bâcler une affaire. La dame ne lui semblait pas si innocente ! Trop sûre d'elle, de sa beauté, de son talent oratoire, de sa supériorité… Mais que pouvait-il faire ? Cette « Amarande » était désormais le dernier témoin vivant de cette lugubre affaire. Elle pouvait raconter ce qu'elle voulait, rien ne serait vérifiable, il fallait raison garder. Le président Devry jugerait, déciderait et lui… obéirait !

Chapitre XII

Margot — Mi-novembre 1882

Margot était à nouveau assise dans le bureau directorial, faisant face à Marcel Rousseau. Ce dernier semblait plus terne et abattu qu'à l'accoutumée. N'esquissant pas le moindre sourire, l'air renfrogné et le regard fuyant, laissaient transparaître que son entretien avec le président Devry n'avait pas apporté la solution qu'il espérait.

« Prenez place, mademoiselle. Je vous ai convoqué aujourd'hui pour vous informer de votre remise en liberté. Le président de la République, à la vue de votre dossier, a décidé de vous faire confiance. Pour service rendu à la France dans cette affaire, et moyennant votre total silence, l'État vous délivrera une généreuse dot de cent millions de francs-or. Je tiens à vous annoncer également que les trois anciens associés d'Anatole Carlier ont été tués lors de leur arrestation. Nous tenions à garder cette information secrète pour ne pas perturber votre interrogatoire. Vous êtes donc depuis lors la seule survivante de cette affaire. Si le moindre détail de cette rocambolesque histoire surgissait au grand jour, vous seriez condamnée à mort et exécutée, sans attendre. Pas d'arrestation ni de jugement, juste exécutée. M'avez-vous bien entendu, mademoiselle ? »

Monsieur Rousseau ouvrit un tiroir et en dégagea des documents officiels. Il les tendit à la jeune femme :

« Je vous remets officiellement ces nouveaux papiers d'identité. Votre apparence physique a changé, et vous devez oublier votre passé et disparaître. Votre nouveau patronyme est Jusieux… Amarande Jusieux… cela vous convient-il ?

— Parfaitement monsieur le directeur. Puis-je rester en France ?

— Vous le pouvez, madame, mais quittez définitivement Paris et évitez les grandes villes et capitales européennes. La comtesse de Lescures était une femme connue, elle est aujourd'hui officiellement décédée, donc, prudence et discrétion ! »

Margot sortit de ce funeste bureau après avoir remercié chaleureusement le directeur de la Sûreté nationale et l'État français ! Grâce à ces personnes, elle était libre, lavée de tous soupçons et de nouveau, riche ! Les gardiens de l'immeuble lui ouvrirent la grande porte.

Chacun des deux hommes lui fit un large sourire, ôta son képi et se courba légèrement à son passage. Elle sortait de cette enceinte triomphante, soulagée, heureuse et fière du travail accompli !

Une voiture l'attendait.

Paul était à l'intérieur. Margot lui sourit et grimpa dans le véhicule, toujours délicatement aidée par son chevalier servant. Il ne lui restait que quelques heures à passer à Paris. Le jeune homme l'ayant (innocemment !) blanchie de toutes les accusations pesant sur elle, Margot se décida à être douce et agréable avec lui. Le garçon était beau. Elle était joyeuse et avait terriblement besoin de compagnie. Elle l'invita donc à venir passer la soirée chez elle, enfin… chez la comtesse Margot de Lescures. L'État français, dans son immense générosité, avait mis officiellement à sa disposition cet appartement, pour encore quelques jours si elle le souhaitait. Elle comptait plier bagage dès le lendemain et ne pas demeurer, plus que de raison dans cette ville dangereuse. Il ne fallait point trop abuser de la chance. Arrivée chez elle et dans l'attente du dîner du soir, Margot commença à réunir quelques affaires. Aucune photographie de ses parents, ni courriers, bijoux, juste ses affaires de toilette, deux ou trois vêtements. Elle n'emporterait également aucun souvenir d'Antoine. La comtesse ne voulait rien garder qui puisse lui rappeler son passé et ces horribles événements. Depuis sa mise sous protection, elle avait effectué un énorme travail sur elle-même, se persuadant à chaque instant être Amarande Léger. Le résultat la surprenait.

Margot commençait à penser, à réfléchir et à agir comme le ferait une demoiselle lambda, sans éducation bourgeoise, sans grand principe, sans un lourd et encombrant passé tortueux à porter… elle commençait à vivre.

Se regardant dans un miroir, elle se promit à ce moment, de ne plus penser à elle en tant que « Margot ». Elle était à présent Amarande Jusieux, jeune femme au passé insignifiant, au présent ordinaire et à l'avenir sans surprise. Adieu Mme la comtesse de Lescures !

À vingt heures précises, la cloche d'entrée se mit à vibrer. Elle alla elle-même ouvrir la porte. Paul était là, souriant, chargé d'un énorme bouquet de roses. Il entra et Margot l'observa. Le garçon avait du chic : il portait un habit à boutons de métal, doublé de soie et garni de chinchilla, une veste de velours à raies de satin sur un gilet en piqué, un pantalon de casimir, des chaussures très fines et des chaussettes en résille. Quand Paul se retourna, Margot était déjà dans ses bras et l'embrassait tendrement. Il lâcha ses fleurs, et l'étreignit avec vigueur.

Le dîner fut un rêve pour le jeune garçon. La demoiselle était toute à lui, buvant ses paroles, répondant à ses sourires, l'embrassant à tout-va.

Le repas vite avalé, les deux amoureux se retrouvèrent dans la chambre et consommèrent leur bonheur nouveau. Pour Paul, c'était le début d'une belle histoire d'amour, où se mêlaient joie et passion. Le mariage et de nombreux enfants concluraient cette aventure… il en rêvait ! Pour Margot, c'était la fin d'un cauchemar, et cette soirée, juste un épilogue agréable qui lui permettait de régler tendrement ses comptes. Demain, elle disparaîtrait à jamais, laissant là l'amant éconduit. Paul s'en remettrait certainement. Ce n'était ni le premier ni le dernier garçon qui verrait son amour ainsi anéanti.

Après un long moment de plaisir intense, fait de douces caresses, de langoureux baisers et de promesses non tenables, Margot s'endormit. Sa nuit fut bercée de nombreux et cotonneux rêves. Le vieux parquet de la chambre craqua à de multiples reprises la forçant à sortir de sa torpeur… elle ouvrit péniblement un œil… puis l'autre… essayant de voir qui étaient les personnes qui se tenaient devant elle. Un… deux… trois… quatre policiers armés, la mettaient en joue.

Le lieutenant Vernet s'avança, sortit un document officiel de sa poche intérieure, lui tendit et déclara : « Madame la comtesse Margot de Lescures, au nom de la loi, je vous arrête. »

Chapitre XIII

Paul — Fin novembre 1882

Paul et le professeur Poirier arrivaient à la caserne de Reuilly. Cette gigantesque enceinte, construite en 1830, accueillait des troupes d'infanterie. Ces murs, où se trouvait dorénavant enfermée Margot, se situaient dans un triangle urbain, représenté par les rues Chaligny, de Reuilly et par le boulevard Diderot.

Nous étions dans le XIIe arrondissement, tout près des bureaux de la Sûreté nationale. Ils s'avancèrent pour présenter leurs papiers aux soldats armés gardant l'entrée de la salle où se tiendrait la cour martiale. Ces tribunaux militaires virent le jour sous la Révolution française de 1789 et furent tout récemment réhabilités pendant la guerre de 1870, après la défaite de Sedan. À cette époque, elles permirent des jugements quasi immédiats et la prononciation de sentences exécutables sans aucun recours possible !

Le président de la République avait décidé que cette instance serait la plus à même de traiter discrètement et rapidement cette affaire qui concernait l'armée.

Les amis franchirent une porte, que l'on referma derrière eux dans un sinistre grincement. La salle était encore déserte, à l'exception d'une poignée d'hommes armés, au garde-à-vous et en tenue de parade. Deux rangées de bancs séparaient une allée qui leur faisait face. Au bout de ce chemin trônait l'immense bureau du juge militaire et de ses assesseurs. On les dirigea vers un box où ils prirent place. Pas un bruit ne venait troubler le lourd silence.

Soudain, un bruit sourd… une porte au fond de la salle s'ouvrit, laissant entrer trois hommes pressés, tous en uniforme d'officier. Le soldat de faction cria haut et fort : « Messieurs, la Cour, veuillez vous lever. » Paul et le professeur obéirent. Les hommes de loi prirent place et firent asseoir les témoins. Le juge déclara la session ouverte et demanda à ce que l'accusée soit introduite. On fit entrer Margot et son avocat. Elle était vêtue d'une tunique hideuse, en toile grise épaisse. La jeune femme avait les mains et les chevilles entravées de lourdes chaînes. Ces cheveux étaient regroupés en un banal chignon. Le regard vide, toutes expressions bannies de son visage, ni maquillée ni apprêtée, la comtesse affichait un triste spectacle. On lui fit prendre place face au tribunal. Les amis la voyaient maintenant de profil. Margot tourna lentement sa tête vers la droite, accrocha le regard de Paul. Ce dernier ne la reconnaissait plus. Aucune trace de vie, d'humanité ne transparaissait dans ses yeux. La femme qui se trouvait devant lui l'effrayait !

Par l'accès qu'avaient emprunté les deux compères quelques minutes plus tôt, surgit brutalement un homme, le cheveu défait, essoufflé par un effort qui semblait surhumain…

« Marcel Rousseau, monsieur le juge, veuillez excuser mon retard. »

L'officier supérieur lui fit signe de se présenter immédiatement à la barre des témoins.

« Veuillez énoncer distinctement vos nom, prénoms et qualité, monsieur. » L'homme s'exécuta.

« Racontez-nous les détails de l'enquête que vous avez menée. »

Là encore, le directeur obéit, citant point par point, avec foule de détails, l'ensemble des informations recueillies.

Le tour du *professeur Poirier* arrivait. On lui demanda de traduire, le plus simplement possible, les résultats et les conclusions des autopsies pratiquées sur les deux cadavres retrouvés dans le petit cimetière de Sainte-Honorine.

Quelques minutes plus tard, le récit fait, Paul fut appelé à témoigner.

« Monsieur Le Pellay, d'après mes informations, c'est vous qui avez disculpé Mme de Lescures et c'est vous également qui, quelques jours plus tard, la dénonciez… expliquez-nous, monsieur !

— Monsieur le juge, cette femme qui est assise en face de vous a essayé de me duper et de se faire passer pour ma tendre cousine, Mlle Amarande Léger. Un détail corporel, connu de moi seul, m'a permis de déjouer cette ignoble tentative !

— Racontez, monsieur, racontez !

— Au cours de cette nuit passée aux côtés de l'accusée, dont je vous passerai les détails, me revint à l'esprit un fait, connu de moi seul et d'Amarande. Ma cousine, frappée régulièrement par son alcoolique de père, avait été blessée et suturée sur le haut de la cuisse, lui laissant une vilaine cicatrice. J'avais déjà inconsciemment noté cette marque distinctive, lors de mon unique séance de dissection à la faculté de médecine. En effet, monsieur le juge, la femme qui se trouvait alors allongée devant moi était Amarande, je n'ai pu la reconnaître du fait de la rhinoplastie pratiquée, des années auparavant, et de ce masque

190

mortuaire qui modifiait considérablement son apparence. Avant que je puisse me rendre compte qui elle était, son cadavre disparaissait mystérieusement. Cette nuit-là donc, je recherchais discrètement cette marque, que je ne trouverais jamais. Bouleversé par cette découverte, prenant soudainement conscience que mon véritable amour était décédé depuis plusieurs semaines et que j'étais là, allongé aux côtés d'une criminelle, je sortis de la chambre et me dépêchai de faire prévenir M. le directeur de la Sûreté nationale !

— Merci monsieur Le Pellay. Madame de Lescures, qu'avez-vous à dire pour votre défense ? »

Margot se leva dans un tintement de maillons métalliques. Quelques secondes après avoir détaillé tour à tour, chaque membre de l'assistance, elle s'effondra.

« Monsieur le juge, je suis innocente des crimes dont on m'accuse ! Je n'ai rien fait, j'ai été manipulée par ces trois bandits !

— Votre défunt mari vous accuse, madame ! »

Margot, surprise par cette invective, cessa immédiatement de pleurer…

« Mon mari ?

— Oui madame. Au cours de la perquisition effectuée lors de l'arrestation de vos complices, nous avons découvert un mot gravé dans la pierre d'un des cachots ; il disait ceci : "ma femme nous a tués, Amarande et moi, Dieu fasse qu'elle meure !". Les policiers n'y ont pas prêté garde jusqu'à ce que vous soyez démasquée !

— Vous n'avez aucune preuve que ce soit mon mari qui a écrit ces mots !

— Oh ! si madame. Nous avons découvert, dans la paille qui lui servait de litière, sa chevalière, encore rayée par ses travaux de gravure ! »

Margot semblait tétanisée par ces annonces. Après le crochet du droit puis ce direct du gauche, elle était knock-out !

Voyant qu'elle était perdue, elle se redressa, sécha ses larmes d'un revers de manche, prit un visage froid et impassible puis regarda le juge droit dans les yeux.

Son avocat, tentant une fois de plus de la raisonner, toujours sans succès, ne put l'empêcher de continuer :

« C'est vrai. J'ai fait tuer ce Carlier, car il voulait nous éliminer. J'ai fait tuer cette garce et mon traître de mari parce qu'ils m'ont trompée. J'ai voulu me saisir de cet argent parce que je le méritais, et si vous me libérez j'irai crier haut et fort ce que cache ce gouvernement au grand public ! »

Paul comprit que cette dernière phrase prononcée induirait une condamnation lourde et que Margot ne recouvrerait jamais la liberté. L'avait-elle fait sciemment ? Nul ne saurait…

La délibération du jury fut courte.

Trente minutes plus tard, de retour dans la salle, le juge militaire prononça ces terribles mots :

« La cour d'assises reconnaît Mme Margot de Lescures coupable de meurtres et de haute trahison envers la France ! Nous, jury militaire, proclamons la peine capitale. Vous aurez la tête tranchée, madame. L'exécution aura lieu dans huit jours au lever du soleil. Qu'on emmène l'accusée. »

Margot n'eut aucune réaction à l'annonce du verdict. Elle se leva, soutenue par ses geôliers, et repartit comme elle était arrivée. Les jambes de Paul, elles, se remirent à vaciller. L'annonce de la sentence le bouleversait et, comme tout témoin d'une condamnation à mort, il devrait assister au supplice. Le jugement avait été particulièrement dur.

Cela faisait une dizaine années que l'invention du docteur Guillotin n'avait pas rempli sa triste besogne en France. Le dernier condamné en date avait été Jean-Baptiste Troppmann, assassin d'une famille de huit personnes. L'exécution de Margot serait rapide, silencieuse.

Quatre heures du matin. Paul se réveilla en sursaut comme il en avait, depuis quelques jours, l'habitude. Il se torturait depuis l'arrestation de la comtesse. N'aurait-il pas mieux valu qu'il se taise et s'abstienne de dénoncer la jeune femme ? Aujourd'hui, par sa faute, elle vivait sa dernière journée ! Allait-il réussir à surmonter toute cette histoire et ses conséquences tentaculaires ? Pourrait-il vivre avec cette mort sur la conscience ? Quittant prestement son appartement, Paul, malgré la beauté incommensurable de Paris la nuit, n'arrivait pas à se projeter dans l'avenir. Son proche passé, son imminent présent l'occupaient entièrement. Arrivé devant la caserne de Reuilly, il passa les différents contrôles et fut introduit dans une salle où attendaient quelques personnes.

Paul y retrouvait le professeur Poirier, lui aussi fortement préoccupé et angoissé par la procédure qui approchait.

En dehors des deux amis, étaient présents le juge de la cour martiale, un greffier, le ministre du culte, l'officier commandant la place et un médecin militaire. La petite troupe, alors au complet, fut amenée, par un dédale de couloirs, jusqu'aux quartiers où étaient enfermés les prisonniers. Introduits dans un bureau, on les fit s'asseoir sur des chaises appuyées le long des quatre murs. Margot arriva, visiblement dans un état second, toujours entravée de ses lourdes chaînes. Les soldats la firent se poser sur un tabouret placé au centre de la pièce.

Là, comme le veut la tradition, on lui donna l'occasion de boire un verre de rhum, un café chaud et de fumer une dernière cigarette. D'un revers de main brutal, elle envoya voler l'ensemble. Les hommes défirent ses chaînes, lui ligotèrent les poignets, et les coudes dans le dos. Ils découpèrent grossièrement ses cheveux qui tombaient sur sa nuque, puis le col de sa veste, afin que la lame puisse faire sa triste besogne. L'huissier de justice, pendant ce laps de temps, récitait de nouveau l'acte d'accusation. L'instant était solennel, grave, la mort approchait, ils la sentaient tous.

On fit signe à la troupe de se lever. Le funèbre convoi se mit en route. Arrivés dans un long couloir, éclairé de lampes projetant de fantomatiques lueurs sur les murs blanchis à la chaux, ils marchèrent un long moment avant de franchir une dernière porte.

La lumière du jour levant éblouissait. Petit à petit, les pupilles s'ajustant, ils découvrirent, horrifiés, la mortelle machine, se dressant là, au milieu de cette cour, comme elle devait apparaître dans la plupart des villes, aux pires heures de la Révolution. Les bourreaux attendaient. L'aumônier se rapprocha de Margot, lui dit quelques mots, voulut l'embrasser sur la joue. La jeune femme, toujours revêche, s'esquiva d'un rapide mouvement de tête.

L'homme d'Église, visiblement vexé et déçu, fit une petite moue, puis se retira.

Les bourreaux plaquèrent le corps de Margot sur une planche verticale, qui bascula brutalement vers l'avant. On plaça son cou entre la partie inférieure et supérieure de la lunette. La jeune femme était piégée. Plus rien ni personne ne pouvait dorénavant la sauver.

Margot avait eu une chance insolente depuis quelques mois. Tout lui réussissait, jusqu'à ce jour où sa route avait une dernière fois, croisé celle de Paul.

Le premier adjoint saisit la tête de la jeune fille par les oreilles, le bourreau appuya sur le bec de cane, la lame tomba dans un silence terrible. Le médecin accourut, il déclara officiellement la mort de Margot de Lescures

Le corps fut rapidement emmené dans sa malle en osier noir, doublée de zinc et tapissée de sciure.

Paul fut pris d'un terrible vertige. Il respira profondément, regarda le ciel et les nuages opalins qui y circulaient. Il avait la nausée, et vomissait toute cette cruauté humaine !

Ils suivirent silencieusement le funèbre convoi jusqu'à ce petit lopin de terre où la dépouille de la jeune femme reposerait désormais.

La cérémonie fut brève. Quelques mots mécaniquement prononcés par le prêtre, quelques poignées de terre lancées dans la fosse, et quelques larmes versées par Paul Le Pellay.

Ces dernières heures avaient été cauchemardesques pour lui, et chaque minute passée depuis l'exécution de Margot semblait ajouter une lourde charge sur ses frêles épaules. Épuisé, abattu, démoralisé, Paul était à bout de force, il n'en pouvait plus, il voulait s'enfuir au plus vite de ce lieu maudit.

Oui ! Fuir… fuir !

Il se séparait promptement du professeur Poirier, se promettant de le revoir dès la rentrée prochaine à la faculté de médecine.

Paul et ses amis, avec l'accord du doyen, avaient d'office validé leur premier trimestre. Les cours ne reprendraient qu'en janvier. Il lui restait quelques semaines de liberté qu'il désirait passer à Granville, accompagné de ses parents de cœur, les braves Juliette et Louis.

Retrouver sa terre natale l'aiderait certainement à récupérer physiquement et moralement après cette terrible et épuisante affaire. Durant ces trois mois, il avait rencontré de vrais et loyaux amis, trouvé un sens nouveau à l'existence, perdu son amour d'enfance et ses illusions. La vie reprendrait ses droits, il finirait ses études, s'installerait sur la côte normande, rencontrerait une nouvelle « Amarande », et qui sait… il serait peut-être heureux !

Déambulant dans les rues et les boulevards de la capitale, s'arrêtant longuement de-ci de-là, afin de contempler quelques insignifiantes scènes de la vie quotidienne, Paul ressentit le besoin de se recueillir à

Notre-Dame. Il pensait à cet instant à Amarande et croyait maintenant plus que jamais à sa thèse sur la mémoire cellulaire.

Quel fantastique mécanisme biologique s'était mis en place entre eux ?

Les plus grands savants de ce siècle pouvaient bien dire ce qu'ils voulaient sur ce phénomène... lui l'avait vécu, et savait !

L'amour de sa vie le conduisit, par delà la mort, vers ses assassins. Ces derniers avaient payé, ils étaient morts, justice était faite !

Son corps ne serait certainement jamais retrouvé et rien ne resterait d'Amarande Léger, hormis ses souvenirs des temps anciens : les baisers volés, ce doux parfum profondément ancré dans sa mémoire, son amour éternel qu'il lui offrait encore aujourd'hui.

Amarande vivait et vivrait à travers lui, elle était là, enfouie dans les tréfonds de son âme.

Arrivé devant la cathédrale, il s'avança vers le parvis, commença à grimper quelques marches. Les lourdes et puissantes cloches du majestueux édifice se mirent alors en mouvement et enchantèrent le ciel de Paris... Paul sourit...

Onze heures sonnaient...

Table des matières

www.ingramcontent.com/pod-product-compliance
Lightning Source LLC
LaVergne TN
LVHW061327060426
835511LV00012B/1891